MANUAL DE LA
Bruja Moderna
para
Atraer el Dinero

La información contenida en este libro se basa en las investigaciones y experiencias personales y profesionales del autor y no debe utilizarse como sustituto de una consulta médica. Cualquier intento de diagnóstico o tratamiento deberá realizarse bajo la dirección de un profesional de la salud. La editorial no aboga por el uso de ningún protocolo de salud en particular, pero cree que la información contenida en este libro debe estar a disposición del público. La editorial y el autor no se hacen responsables de cualquier reacción adversa o consecuencia producidas como resultado de la puesta en práctica de las sugerencias, fórmulas o procedimientos expuestos en este libro. En caso de que el lector tenga alguna pregunta relacionada con la idoneidad de alguno de los procedimientos o tratamientos mencionados, tanto el autor como la editorial recomiendan encarecidamente consultar con un profesional de la salud.

Diseño de portada: Editorial Sirio, S.A.
Maquetación de interior: Toñi F. Castellón

www.editorialsirio.com
sirio@editorialsirio.com

I.S.B.N.: 978-84-18531-75-0
Depósito Legal: MA-155-2022

Impreso en Imagraf Impresores, S. A.
c/ Nabucco, 14 D - Pol. Alameda
29006 - Málaga

Impreso en España

Puedes seguirnos en Facebook, Twitter, YouTube e Instagram.

MONTSE OSUNA

MANUAL DE LA

Bruja Moderna

para

Atraer el Dinero

Magia, Hechizos y Rituales para la Abundancia

EDITORIAL
SIRIO

Índice

AMULETOS Y TALISMANES

HIERBAS Y ACEITES

Introducción

SOBRE MI EXPERIENCIA CON LA PROSPERIDAD

Cuando le propuse a mi editor italiano hacer un manual sobre la magia de la prosperidad, inmediatamente me contestó que sí, pero que debía escribirlo basándolo en mi propia experiencia. Al principio pensé: «¿Qué puedo explicar yo de mi experiencia con la prosperidad?». Pero en segundos miles de estrellas fugaces en forma de pensamientos empezaron a rondarme por la cabeza. Difícilmente se podían ordenar en ese instante, pero eso hizo que me diera cuenta de lo mucho que, efectivamente, tenía que contar y expresar.

Esa misma noche empecé a hacerme mis esquemas mentales e intenté darles forma a todas aquellas ideas para después ordenarlas. Me preguntaba cómo debía comenzar a explicar cosas de mí, para que a algunos de mis lectores les sirviera como guía y a otros como esperanza. Y entonces tuve muy claro que debía escribir simplemente lo que sentía y entendía.

La prosperidad lo abarca todo, y no solo, como a veces pensamos, la parte económica. Todos en un momento dado o en más de uno hemos pasado calamidades. Pues ¿quién no ha vivido malos tiempos en algún momento de su vida?, ¿quién no ha creído que lo había perdido todo?, ¿quién no ha sentido que la tierra que pisamos se está desmoronando y en algún momento nos va a engullir?, ¿quién no ha deseado que la muerte, con sus uñas afiladas y su gran manto oscuro, se presente en la noche silenciosa y, sin mediar palabra, nos invite a vagar a su lado hasta no se sabe dónde y durante cuánto tiempo?

No hablo de la muerte como tema de este libro, pero sí como algo que nos puede marcar mucho y puede ser el acto final que muchos desean, precisamente por ver su prosperidad limitada en algún aspecto. Recordemos que podemos no ser prósperos en el amor, en el dinero o en la salud. Por eso quiero hablar de la muerte, porque a veces esta no es más que la frustración de nuestra prosperidad.

Yo creo que casi todo el mundo ha deseado morirse en algún momento de su vida por el gran peso de esta. A las personas que nunca hayan vivido esos momentos, realmente las felicito y las animo a seguir siendo felices, porque ya tienen toda la prosperidad en sus manos. Desde luego también felicito a aquellos que no se atrevieron a dar el paso de acabar con su propia vida, pues ese es uno de los mayores castigos del universo. No podemos guillotinar nuestra existencia cuando nos apetezca, porque ese no es nuestro cometido, y para los que creemos en la reencarnación es mejor no hacerlo, pues tendremos que repetir todas aquellas experiencias inacabadas y además aumentadas en su dolor. Así que pienso que es mejor saldar nuestras cuentas ahora para no tener que repetir lo que más tarde puede ser un peso mayor.

Supongo que los lectores, después de haber leído estas líneas, se estarán preguntando si a mí también me asaltaron esas ideas. Les contestaré enseguida, pero antes me gustaría hacerles una pregunta: ¿cuál es el acto de valentía o el de cobardía, el de quien decide arrebatarse él mismo el derecho a la vida o el de aquel que decide seguir con el peso de esta e intentar luchar y cambiar las cosas?

Yo os diré que en mi caso no decidí seguir viviendo por valentía, sino todo lo contrario. No tuve el suficiente valor para quitarme la vida; fui una cobarde. Sí, sí, una COBARDE con letras mayúsculas. Pero hoy puedo decirlo y dar las gracias al universo por haber sido una cobarde aquel día. Ahora hace ya muchos años que no deseo ser amiga de la muerte, ya tendremos tiempo para eso; pero a veces me apetece hablar con ella como si ya la conociera, como si esa vieja amiga viniera de vez en cuando a visitarme para luego desaparecer silenciosamente de mi existencia. No viene de visita para amenazar, todo lo contrario, es una manera de recordarnos que la vida es larga pero muy corta, que hemos de vivir todos sus momentos como si fueran el último día y que todos tenemos derecho a encontrar nuestra prosperidad, pero hay que buscarla. Y cuando me es posible, me gusta recordarle a ella lo bien que puedo sentirme en este cuerpo a pesar de los obstáculos que tenemos que saltar cada día; lo bien que puedo sentirme por estar viva y lo mucho que deseo estarlo. Creo que con estas palabras ha quedado contestada la pregunta.

LA BÚSQUEDA DE LA PROSPERIDAD

Eran tiempos muy difíciles para mí, era muy joven y, como cualquier otro ser humano, no tenía «el libro de instrucciones de cómo saber vivir». Así que cada uno de nosotros ha de buscar las fórmulas para una convivencia digna, aunque nos lleve años comprender algunas cosas. En aquel momento de mi vida sentía que esta no era justa, que no la entendía, que no tenía nada, aunque las posesiones materiales eran precisamente lo que menos me interesaba y lo único que deseaba en este mundo y que realmente me importaba era lo que no podía tener, pues me lo arrebataron. No sabía cómo superarlo, cómo salir adelante; solo sé que por las noches pedía que si había algún Dios (en el cual dejé de creer), que no me dejara abrir los ojos por la mañana y me permitiera hacerle compañía en eso que algunos llaman el más allá, otros el cielo y otros el infierno, porque repito que era demasiado cobarde para quitarme la vida, pero...

Pasaban los días y seguía despertándome y enfrentándome a un mundo para mí en aquellos momentos cruel, que me agredía cada día y, sin embargo, tenía que salir a la calle a trabajar y seguir fingiendo que todo o casi todo estaba bien. Lo peor era que no me podía tan siquiera permitir una depresión, que era lo que me hubiera gustado: esconder la cabeza bajo la almohada y olvidarme de que el mundo existía. Pero repito que ni tan siquiera podía permitírmelo. Y con eso no quiero decir que todo el que tiene una depresión sea porque pueda elegir; por desgracia para muchos no es así y tienen que convivir con ella diariamente. Pero los que realmente están solos y sin ayuda de nadie, como era mi caso, ya veríamos cuántas depresiones reales sufrirían. A veces es muy cómodo esconderse y que los demás luchen por ti, pero voy a repetir –para que nadie se dé por aludido, porque esa no es mi intención–, que por desgracia hay mucha gente que no puede remediar caer en una depresión: a estas personas les dedico estas líneas y les digo que busquen, que cada uno encontrará cosas diferentes, y que valoren sus vidas porque eso es lo que nadie podrá arrebatarles, que tomen las riendas de su voluntad y que no se detengan hasta que tengan su prosperidad en sus manos. Espero que mis palabras les sirvan como mínimo de alivio y puedan encontrar la prosperidad y la buena salud dentro de sus corazones, porque la tienen, solo hay que desearlo y buscar en su interior.

El mío en esos momentos estaba dormido, pero algún extraño mecanismo me hacía mantenerme en pie, aun en contra de mi voluntad; una fuerza que era mucho más fuerte que yo y me mantenía viva y en pie. Y así pasaron varios años, demasiados para mi gusto, en los que lo de la prosperidad a mí me daba risa porque ¿qué era eso? Todas las vías para que la prosperidad entrara en mi vida estaban cortadas y me fui introduciendo en un laberinto de calamidades que parecía no tener fin.

Pero ya lo veis, queridos lectores, de todo mal se puede salir y en los siete libros que llevo hasta hoy editados hay un poco de todo lo que me ayudó a sobrevivir y mucho más que iré compartiendo con vosotros, explicando algunos trucos que he utilizado y otros nuevos que siempre pongo en práctica para que podamos abrirnos a esa PROSPERIDAD tan deseada por todos.

Por encima de todo, tenemos un deber, que es amar la vida, y si no es así, tenemos la obligación de buscar en qué está fallando e intentar solucionarlo, porque el mayor castigo del universo es no hacer nada.

Así que os invito a analizar vuestras vidas, y aunque siempre nos encontraremos con obstáculos y trabas, que a su vez son parte del desarrollo y la evolución que vamos a trabajar, la vida es un diamante que solo hay que pulir, y para eso tenemos precisamente toda la vida.

Pule tu diamante un poquito cada día y haz que sea el más bello del universo y, entonces, como por arte de magia, la prosperidad vendrá a ti.

Antes de empezar la lectura y comenzar a mover energías es muy importante crear un compromiso con uno mismo, que repercutirá en los demás seres, ya sean animados o inanimados.

Un compromiso es aquello que nos hace tomar una decisión que cumpliremos a rajatabla.

La magia y el mundo de las energías es una filosofía en la cual debemos reflejarnos continuamente con buenas y sanas decisiones.

La sabiduría tiene que ir acompañada de amor, por eso en los manuales de la Bruja Moderna encontrarás mucha de esta sabiduría ancestral y moderna, pero el AMOR lo pones TÚ.

Porque el sentimiento de compasión y amor lo pongo yo cuando escribo y vosotros lo debéis poner en acción, con vuestros actos.

Gracias, lectores, por ser fieles a esta sabiduría, a esta filosofía de vida, ancestral y moderna. Trabajemos juntos con ella, para la unidad de un mundo cada vez mejor, más ordenado, más iluminado, más amoroso, más bello, más sano y lleno de verdad, mucho más opulento y, por supuesto, muchísimo más libre.

Para ello he redactado un compromiso que debe ir firmado por ti, lector o lectora. Y hagamos que...

Todos nuestros deseos se cumplan.

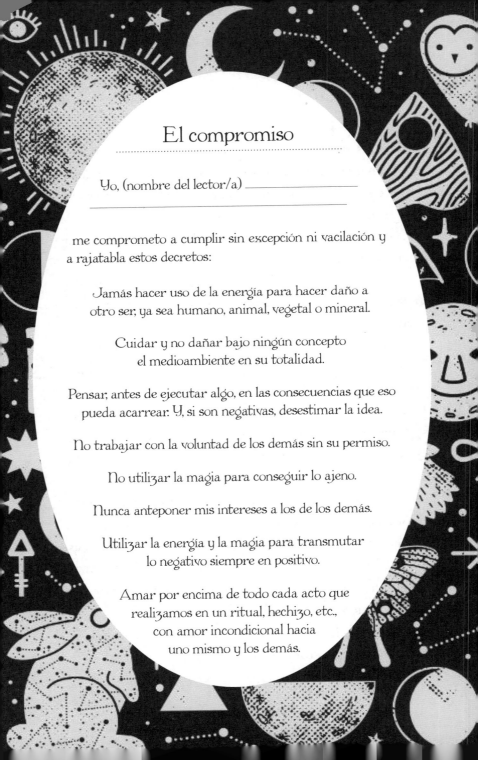

El compromiso

Yo, (nombre del lector/a) ______________________

____

me comprometo a cumplir sin excepción ni vacilación y a rajatabla estos decretos:

Jamás hacer uso de la energía para hacer daño a otro ser, ya sea humano, animal, vegetal o mineral.

Cuidar y no dañar bajo ningún concepto el medioambiente en su totalidad.

Pensar, antes de ejecutar algo, en las consecuencias que eso pueda acarrear. Y, si son negativas, desestimar la idea.

No trabajar con la voluntad de los demás sin su permiso.

No utilizar la magia para conseguir lo ajeno.

Nunca anteponer mis intereses a los de los demás.

Utilizar la energía y la magia para transmutar lo negativo siempre en positivo.

Amar por encima de todo cada acto que realizamos en un ritual, hechizo, etc., con amor incondicional hacia uno mismo y los demás.

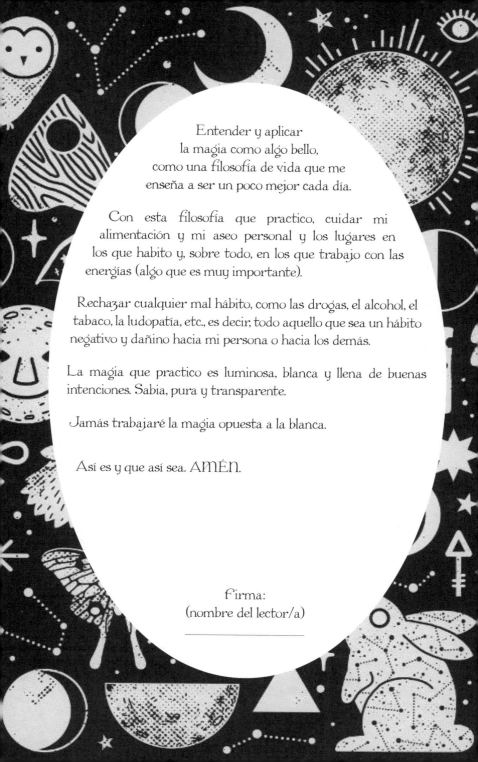

Entender y aplicar
la magia como algo bello,
como una filosofía de vida que me
enseña a ser un poco mejor cada día.

Con esta filosofía que practico, cuidar mi alimentación y mi aseo personal y los lugares en los que habito y, sobre todo, en los que trabajo con las energías (algo que es muy importante).

Rechazar cualquier mal hábito, como las drogas, el alcohol, el tabaco, la ludopatía, etc., es decir, todo aquello que sea un hábito negativo y dañino hacia mi persona o hacia los demás.

La magia que practico es luminosa, blanca y llena de buenas intenciones. Sabia, pura y transparente.

Jamás trabajaré la magia opuesta a la blanca.

Así es y que así sea. AMÉN.

Firma:
(nombre del lector/a)

....

Estados mentales

INTRODUCCIÓN

¿Qué es un estado mental? Muy sencillo. Un estado mental es la actitud que adopta nuestra mente en cada momento o situación: estado de vigilia, estado de *shock*, estado de autoconciencia, estado de alerta, de observación... Unas veces llegamos a ello de una manera inconsciente y otras totalmente conscientes. Y precisamente desde el estado mental consciente podemos empezar a modificar nuestra conducta, mandar los mensajes del consciente al subconsciente y hacer los cambios deseados, eligiendo el estado de conducta que queremos desarrollar, como veremos más adelante. Si nos centramos en todo aquello a lo que damos forma desde nuestra mente y con nuestra imaginación, nos daremos cuenta de que la mayoría de las veces el resultado cristaliza negativamente en nuestro subconsciente y nos hace la vida imposible, consiguiendo que actuemos justo todo lo contrario de lo que en realidad queremos. Eso es debido a que a lo largo de nuestras vidas recibimos mensajes y acciones del exterior, unos positivos y otros negativos, pero los que quedan más grabados son precisamente los segundos y son estos los que marcan nuestro comportamiento e impiden que seamos como nos gustaría ser. En la mayoría de los casos nos bloquea el potencial real que llevamos dentro y nos impide manifestarnos a través del carácter, y eso, a su vez, nos lleva a una incapacidad de acción, a una inseguridad, a estados de ansiedad, etc. Si nos educaron en la pobreza y nunca nos hicieron creer que las cosas podían cambiar, en nuestra mente quedó grabado que seríamos pobres, y así será hasta que hagamos algo para cambiarlo. Si nos dijeron que éramos tontos, pensaremos que lo somos y el resultado es que nos pasaremos la vida sin ser lo que queremos y sin hacer lo que nos gusta, a veces por falta de seguridad, y otras, por falta de medios. Debido a esos bloqueos creados por el exterior y por nosotros mismos, esa seguridad y esos medios no acaban de llegarnos, y, en la mayoría de las ocasiones, no sabemos cómo hacer esos cambios.

Llegados a este punto, si realmente queremos cambiar, debemos usar nuestra implicación y nuestro deseo para desarrollar, desde el estado mental consciente, los nuevos datos y así dar nuevas órdenes a nuestro subconsciente para que grabe esos datos, igual que hacemos con un ordenador. Para obtener lo deseado primero hay que saber lo que se quiere, luego observar bien lo que hay y después definir lo que realmente queremos o debemos cambiar. Es mucho más fácil de lo que parece a simple vista. Si os atrevéis a seguir los pasos que expongo en las líneas siguientes, puedo garantizar que lograréis cambiar una conducta que probablemente desde hace mucho tiempo no conseguíais modificar.

Si queremos que nuestra PROSPERIDAD llegue, hemos de abrirnos a ella y con todas las consecuencias, y eso lo conseguiremos adoptando una actitud nueva y desde un estado mental apropiado. Casi siempre cuando se ha tomado esta actitud nuestra vida suele dar un giro de ciento ochenta grados. Hay que ser consecuente con los cambios y cuesten lo que cuesten no hay que descuidarlos y hemos de continuar alimentándolos y puliéndolos. Debemos seguir observando cómo nos movemos en nuestro entorno para no volver a donde estábamos. Pero si se han dado bien las órdenes y llevado a la práctica es muy difícil retroceder. Aunque nunca hay que bajar la guardia, para así seguir perfeccionando lo obtenido y alcanzar las nuevas metas que nos iremos marcando.

Hay una ley hermética, la primera que nos habla del estado mental, que dice así: «Todo es mente». Es la primera porque sin esta ley las demás no existirían. Nada se escapa a las leyes y mucho menos a esta, aunque todas están interrelacionadas.

Nada puede llegar a su manifestación sin antes pasar por la mente. Cuando vamos a buscar trabajo, antes lo pensamos; cuando queremos un coche nuevo, lo decidimos desde la mente y luego lo llevamos a la acción; y así sucede con todo.

Cuando decimos «fue un impulso y lo hice sin pensar», no es cierto, porque primero nos vino el pensamiento, pero fuimos muy rápidos al decirlo o al hacerlo. Lo que realmente ha sucedido es que lo hemos pensado y llevado a cabo sin antes analizarlo. Ese paso intermedio entre el pensamiento y la acción es el análisis, la reflexión, y es justamente eso lo que no se hizo. Todo esto nos demuestra que todo es mente y nos viene de la mente; nada se puede materializar sin este principio.

Y aquí nos detendremos de momento.

QUERER

Lo que queremos o deseamos no es un estado mental. Es una decisión que adoptaremos desde un estado mental que intentaremos llevar a la acción, pasando por el análisis y la reflexión. El resultado final será la meta conseguida.

Para poder crear los cambios no es suficiente con saber que queremos hacerlo, aunque eso ya es mucho y es el primer paso. Hay que saber definir con exactitud lo que queremos mediante la reflexión y el análisis.

Ya hemos aclarado que todo es mente, pero no nos hará los cambios ella sola, no analizará por nosotros, ni tomará las decisiones pertinentes en nuestro lugar. Así que tenemos que empezar a definir qué es lo que queremos, y digo definir porque de nada nos sirve si le damos a nuestra mente una idea abstracta. Cuando deseas enamorarte le estás mandando ese mensaje a tu mente, pero si después la actitud elegida es la de no salir de casa, no comunicarte con nadie y cortar todo vínculo con el exterior, tu mente lo que interpreta es que tu deseo es falso, que la estás engañando ya que realmente no deseas enamorarte. Si continúas por ese camino no habrá cambios. Luego hay otra forma errónea de querer algo, como bien ilustra el refrán «no pedir peras al olmo, porque no te las dará». Me explico. En el momento de definir lo que se quiere, no le puedes pedir a tu mente una mansión si tus posibilidades son nulas. Tienes que pedir algo que esté acorde con tus posibilidades y con lo que puedes pagar. Quizá en un futuro podrás conseguir esa mansión, si esa es tu meta, pero para llegar a ello tendrás que seguir las pautas y los pasos poco a poco. No puedes llegar arriba sin antes subir los escalones desde abajo. O quizá te toca la lotería y lo consigues de un salto, pero como eso es improbable y no suele pasar casi nunca, solo en casos excepcionales, es mejor que nos tracemos un camino y subamos peldaño a peldaño. De esta forma y con tenacidad es casi seguro que podremos conseguir todo aquello que deseemos en esta vida y también, para quien cree en las reencarnaciones, en las vidas futuras.

El tema del libro es abrirnos a la prosperidad, y para eso desarrollaremos varias claves para poder llegar al resultado final deseado. A fin de cuentas en la prosperidad entra todo: esa casa, el amor, el coche y todo aquello que queremos. Pero repito, dentro de nuestras posibilidades y haciendo lo que tenemos que hacer en cada momento.

Para que se den los cambios, lo primero que tenemos que saber es qué cambios queremos que se produzcan en nuestra vida (mente). En primer lugar, podemos elaborar una lista con las cosas más sencillas (análisis), y luego ya nos centraremos en las más complicadas o aparentemente más difíciles. Digo aparentemente porque será todo lo difícil que queramos que sea: somos nosotros los que marcamos el grado de dificultad y seremos nosotros quienes demos esa orden a nuestra mente. Una vez elaborada la lista, debemos ir al siguiente paso.

OBSERVAR

Siempre recomiendo empezar a cambiar las cosas que no nos gustan comenzando por nosotros mismos, que es el verdadero orden que hemos de seguir. Una de las claves es la observación (reflexión).

Deteneos un momento, parad la lectura y comenzad a observaros, primero cómo estáis sentados y si vuestra posición es correcta. ¿Sabéis que esa simple observación dice mucho de nosotros? Puede ser una de las razones por las cuales nuestro cuerpo y nuestra mente no están en armonía. Si siempre nos sentamos mal, nuestros centros energéticos quedan bloqueados. Si nuestra espalda no está recta, no podrá circular libremente la energía *kundalini*, (que es la energía que sube de la tierra y conecta con la del universo) que nos entra por el chakra coronario (el de la cabeza) y quedará retenida en algunos puntos, evitándonos que estemos bien con nosotros mismos y con los demás, además de producirnos dolores bastante espantosos. Por ejemplo, si por toda tu columna vertebral no circula bien la energía porque la espalda no está recta, tendrás la sensación de que te falta el aire, de que no puedes respirar, de que te ahogas. La razón de estos dolores puede estar en ese bloqueo. Si has ido a tu médico y no te encuentra nada, empieza cambiando tu forma de sentarte, busca la manera correcta; observa también cómo caminas y cómo te mueves. Quizá la solución podría estar ahí, aunque a simple vista te pueda parecer una tontería. Nuestra forma de sentarnos y de movernos es más importante de lo que pensamos. Cómo va a circular la energía de la prosperidad en tu vida si ni tan siquiera dejas que el aire, que es la energía vital, pase libremente por tu cuerpo.

Ahora sigue observando lo que tienes a tu alrededor. Primero las cosas materiales, que son las más fáciles: tu casa, tu coche (si lo tienes), tu ropa... Si alguna de estas cosas o similar estaba en tu lista, perfecto; si no es así, sigue igualmente este proceso, porque es el camino que se debe seguir para conseguir cualquier cosa, física, emocional o etérica.

Empecemos observando tu casa. Mira a tu alrededor y ve deteniéndote en cada objeto. Observa la emoción que te causa y el porqué (análisis-reflexión). Puede que te lo regalara alguien que no es de tu agrado y sigues conservándolo porque es bonito o simplemente porque no te atreves a deshacerte de él. Regálalo o simplemente tíralo (acción) porque consciente o inconscientemente no te hace sentirte bien.

Pero no creas solo en mis palabras, ponlo en práctica. Obsérvate y descubrirás el porqué de muchas sensaciones tuyas a las que antes no les habías dado importancia o no sabías de dónde provenían. Ahora tienes la oportunidad de descubrirlo. Continuemos con la observación de tu casa. ¿Fuiste tú quien eligió los muebles, el color de las paredes, los adornos, los azulejos, las cortinas...? Si no es así, ¿por qué? Mira cómo te sientes. ¿Estás de acuerdo con la decoración? Ahora ya sabes lo que tienes que hacer, y haz lo mismo con tu ropa, tu coche y todo aquello que esté ligado estrechamente contigo. Desecha todo lo que no te gusta o simplemente no te sirve (acción).

Por supuesto, no quieras hacerlo todo en un día. Hazlo poco a poco, que es como se han de producir los cambios, para que tu mente pueda asimilarlos y sellarlos. Recuerda que se trata de mandar mensajes ordenados a nuestra mente, porque ella sola no sabe establecer ese orden. Además verás como otros cambios se producen solos como por arte de magia. Si a nuestra mente le hemos establecido las directrices correctas y nos comportamos de forma coherente y llevamos a cabo las acciones oportunas, ella entiende que realmente queremos lograr nuestros objetivos. Entonces las cosas empiezan a ponerse al alcance de las manos, aunque a veces no entendamos bien los mecanismos ni los porqués. Simplemente las cosas suceden porque realmente lo deseamos y así lo manifestamos con nuestra acción, nuestra puesta en marcha, nuestro movimiento (mente-análisis-reflexión-acción) y así obtenemos el resultado final (meta conseguida). Nuestro estado de ánimo irá cambiando y los demás también lo notarán.

Vayámonos ahora a estudiar las emociones que sientes ante tus seres queridos, amigos, familiares, compañeros de trabajo... ¿Cuántas cosas haces por los demás que realmente no te apetecen a ti? Si actúas así no estás siendo tú mismo. Hay cosas en la vida que no se pueden eludir aunque no nos gusten, pero hay que asegurarse bien de cuáles son, porque no son la mayoría. Cuántas veces haces eso que te han pedido los demás, pero que tú realmente no quieres hacer y que simplemente lo realizas para no disgustar a la otra persona, o para caerle bien, o para que te quieran, o porque piensas que si le fallas dejará de hablarte o no te incluirá en su círculo de amigos. Cuando son reales, las amistades no se pierden por esa razón y si pierdes la amistad de alguien por no haberlo complacido es que realmente no era una amistad y la otra persona estaba actuando egoístamente. Así que llegado a ese punto, es mejor perder esa falsa amistad porque si no siempre caerías en su manipulación. Cuando una amistad negativa se va, no lo dudes, llega otra a cubrir ese hueco. Lo único que tienes que hacer es no cerrarte.

Creo que en este momento servirá mi ejemplo. Yo tengo muchas amistades y de muchos años. Muy buenas amigas y amigos que sigo conservando y con las que por supuesto ha sido mutuo el respeto y el cariño. En muchos momentos de mi vida pasada algunas de estas personas me ayudaron desinteresadamente y, entre otras cosas, me prestaron el dinero que necesitaba, sin marcarme un plazo de devolución, y yo lo devolví como buenamente pude. Eso tuvo mucho valor para mí y siempre estará en mi corazón. Pero la amistad no debe utilizarse de forma egoísta y uno tiene que ser siempre uno mismo. Hoy día las cosas han cambiado mucho para mí gracias a la PROSPERIDAD y a mi actitud, que es la que ha permitido que esta entre. Pero no dispongo de mucho tiempo libre por mi trabajo, el cual adoro y me encanta. Muchos fines de semana, por no decir casi todos, me quedo en casa escribiendo en el ordenador mis nuevos libros y descansando del ajetreo de toda la semana que me obliga a estar fuera de casa y a hacer muchas cosas a la vez. En alguna ocasión me ha llamado alguna de mis amigas para venir a verme y tomar café, pero en ese momento no me apetecía nada hablar con nadie porque deseaba estar sola y desconectar, algo que en muchos momentos necesito. Y así se lo he dicho a mi amiga, sin utilizar ninguna excusa ni mentira. Simplemente le he dicho que no me apetece y que deseo estar sola, que lo siento, que la quiero mucho, pero que la veré otro día, y que sé que ella lo entenderá, y así es. Sigo manteniendo mis amistades porque han sabido entenderlo y no necesitamos enfadarnos. También ocurre a la inversa, que yo deseo algo y en ese momento a ellos no les va bien y no importa, en otro momento será. Es un ejemplo sencillo pero nos puede servir a cualquiera. ¿A cuántas cosas os atrevéis a decir que no?

Hay que aprender a decir NO. ¿Cómo queremos que la prosperidad llegue a nuestras vidas si vamos contracorriente y nos contradecimos continuamente? Yo quiero esto, pero hago lo contrario. No nos damos cuenta de que volvemos loca a nuestra mente.

Si todo esto lo tenemos más o menos claro y nos ponemos en marcha, con nuestras observaciones haremos posibles los cambios y estaremos preparados para pedir y escribir la carta de los deseos, que explicaré más adelante.

TOMAR LA DECISIÓN

Como ya hemos visto en el apartado anterior, la observación es muy importante, pero de qué nos sirve si se queda ahí. Una vez observado todo lo necesario, no nos servirá de nada si no tomamos la decisión... ¿La decisión de qué?

Muy fácil: la decisión de empezar. Pero sin hacer lo que se hace siempre. Cuando uno quiere dejar de fumar, empezar una dieta o apuntarse al gimnasio, siempre dice: «Mañana empiezo sin falta». Sin embargo, llega ese día y nunca podemos comenzar porque nos encontramos mal, no nos va bien en ese momento, topamos con alguien que nos enreda para hacer otra cosa... Y nos decimos: «Hoy no ha podido ser, pero mañana empiezo sin falta». Así día tras día, semana tras semana, mes tras mes e incluso año tras año. Hay un dicho que dice que «cuando uno no quiere hacer una cosa cualquier excusa es buena».

Si esto lo hemos entendido, quiere decir que no hay excusa que valga.

Cuando se toma la decisión y realmente se empieza, nuestra mente y el universo nos ponen un sinfín de posibilidades, personas o sucesos al alcance de la mano, que nos hacen más fácil que eso se pueda llevar a cabo. Por arte de magia nos suceden cosas para que podamos cumplir nuestro cometido. Pero por eso es importante tomar la decisión y empezar en serio. Podemos engañarnos a nosotros mismos o a otras personas, pero no a nuestro subconsciente, pues sabe realmente que no lo vamos a hacer.

Para que quede constancia de nuestra decisión, tomaremos un papel, escribiremos en orden las cosas que vamos a ir haciendo y las tacharemos de la lista cuando ya estén hechas. Escribiremos la fecha en la que empezaremos, y ese día, pase lo que pase, lo llevaremos a cabo aunque sea de madrugada, y ninguna excusa será válida. Por supuesto, y como se suele decir, firmaremos el papel de nuestro puño y letra.

Este escrito es para fijar los cambios, y lo leeremos cada noche al acostarnos y por la mañana al levantarnos, De esta manera haremos que se grabe en nuestra mente y reafirmaremos nuestra voluntad. Conforme vayamos tachando cosas de la lista, porque ya las hemos hecho, nos irá invadiendo una sensación de paz y bienestar, que vale la pena disfrutar.

Por eso os voy a proponer un juego, que también tiene que ver con la escritura.

LA CARTA DE LOS DESEOS

Por todos es sabido que lo que está escrito, escrito está. Primero, porque está plasmado en un papel y ha pasado del plano mental al físico; segundo, porque al escribirlo le damos forma y es visible, y le estamos dando fuerza para que se pueda convertir en un acto. Y eso es justo lo que vamos a hacer: darles fuerza a nuestros pensamientos y a nuestros deseos.

A continuación explico cómo elaborar la carta de los deseos.

En el lado derecho del papel pondremos la fecha y en el izquierdo nuestro nombre y apellidos completos.

La intención de esta carta, a la que podremos llamar mágica, es poder pedir un deseo. Este tiene que estar canalizado hacia algún lugar, porque todo debe tener una dirección, si no quedaría disperso o se desvanecería en la nada, y eso no es precisamente lo que queremos provocar. Queremos que nuestro deseo llegue a buen puerto y lo que haremos es dirigirnos al universo: a él le pedimos nuestro deseo y de él esperamos que nos devuelva cumplida la petición. Entre el universo y nosotros hay un intercambio: nosotros pedimos (acción) y el universo nos da (reacción).

Por supuesto, otro punto de vital importancia que aclarar es que hay que hacer nuestras demandas con cierta lógica, es decir, pediremos cosas que estén dentro de nuestras posibilidades, como hemos descrito en los apartados anteriores, y nos aseguraremos de que con eso no hacemos ningún daño ni a nada ni a nadie.

Sería un poco o bastante absurdo pedir un yate cuando sabemos que no está a nuestro alcance conseguirlo porque no tenemos determinado estatus social, ni los contactos necesarios, o porque no entendemos absolutamente nada de barcos. Pidamos aquello que podamos alcanzar y que pueda vibrar en nuestra misma armonía.

Utilicemos el mismo ejemplo de antes: si queremos una casa, en la carta de los deseos tenemos que poner la cantidad que podemos gastar, especificar el lugar donde queremos que esté (ciudad, barrio, zona...) y cómo queremos que sea por dentro (número de habitaciones, bien iluminada, con o sin terraza...). Cuantos más detalles pongamos, mejor. Recordad que no debéis pedir una mansión si vuestras posibilidades son escasas. Repito: hay que ser coherentes y justos con las peticiones.

Si lo que deseamos es una pareja, hay que especificar cómo la queremos: rubia o morena, alta o baja, sincera, cariñosa, amable, que gane mucho dinero (aquí aclarad la cantidad de dinero a la que os estáis refiriendo, porque lo que es mucho para unos puede ser muy poco para otros, y el universo no tiene vuestros baremos)...

Ojo con lo que pedimos, porque se cumple.

Al final hay que firmar la carta y echarla al correo lo antes posible. Luego debéis ser pacientes y dar el tiempo que haga falta al universo para que las cosas se pongan en su sitio y el deseo se pueda cumplir. Sobre todo no debéis tener ansiedad, porque esta bloquea la prosperidad. Si pasado un tiempo prudencial aún no se ha cumplido vuestro deseo, debéis recordar lo que escribisteis y volver a hacerlo mejorando los detalles, porque o no estaba bien pedido o lo que habéis pedido no os conviene. Tendréis que dedicarle cierto tiempo y ver qué ha sucedido para que no se cumpla. Debéis ser honestos con vosotros mismos, quizá no lo deseabais de verdad.

En el momento de escribir la carta podéis jugar con las fechas mágicas del calendario. Por ejemplo, una buena fecha para encontrar pareja sería el 14 de febrero, el Día de los Enamorados, porque la energía del amor está muy elevada y es muy fácil conectar con ella. Casi todo el mundo está pensando en el amor, comprando algo para su persona amada y dando rienda suelta a sus emociones. El momento más propicio para ponerse a escribir la carta de los deseos sería ese mismo día pero entrada ya la noche. En ese momento desciende el ruido de la ciudad y las mentes están en reposo, pero en el espacio (en la mente colectiva) sigue flotando la energía del amor. Al estar todo en silencio, hay menos obstáculos y es más fácil conectar con esa energía.

Hay otra fecha mágica que está en la mente colectiva con muchísima más fuerza porque se celebra en muchos países del mundo: es el 6 de enero, el día de Reyes, para unos, o el 24 de diciembre, el día de Nochebuena, para otros. En esos días está tan presente el espíritu navideño que es muy recomendable escribir las cartas y hacer nuestras peticiones. No temáis pedirle al universo, pues este tiene de todo y para todos.

Hace unos cuantos años estaba con unas compañeras de trabajo y empezamos a bromear con respecto a escribir nuestra carta a los Reyes Magos. Imaginaos lo que puede suponer para el resto de las personas que unas cuantas chicas ya maduritas se tomen a pecho lo de escribirles a los Reyes Magos. Pero a mí no me importó, pues creo en las energías, en el poder de la mente y también en los milagros. Lo que se escribe no se puede contar, hay que mantenerlo en secreto, y no hace falta dar explicaciones, eso queda para nosotros. Así que en esas fechas, ni corta ni perezosa y cansada de no encontrar lo que buscaba, me fui a la librería y compré mi carta con su respectivo sobre para los Reyes Magos. Naturalmente era la misma carta que pedían los niños, pero claro, no dije que era para mí. Y por la noche, cuando toda la ciudad estaba en calma, empecé a redactar mi carta:

Queridos REYES MAGOS:

Hace muchos años que no os pido nada y como me he portado bien creo que, después de tantos años, me merezco que me traigáis lo que os voy a pedir...

Y continué mi carta con todo tipo de detalles con respecto a lo que quería. Después la firmé, la metí en el sobre y la cerré. En el remite no puse ni mi nombre ni mi dirección, pero sí mis iniciales. Como destinatarios puse a mis queridos Reyes Magos y al universo. A la mañana siguiente eché mi carta al buzón y luego les conté a mis compañeras no lo que había escrito, pero sí que lo había hecho. Creo que en realidad solo dos del grupo lo hicimos.

Pasaron los días y después las semanas y luego los meses... Ya he dicho antes que no hay que impacientarse, pues el universo tiene que reunir las condiciones necesarias para que se pueda realizar lo que hemos pedido. Mi regalo lo trajeron al año siguiente más o menos por las mismas fechas. No importa el tiempo que tardó, pues mereció la pena esperar. Analizando y viendo cómo son las cosas me di cuenta de que realmente mi regalo era imposible que llegara antes, entre otras cosas porque yo tampoco estaba preparada para recibirlo, y porque mi regalo venía de muy lejos.

En las siguientes páginas te adjunto un modelo de carta lista para redactar y un modelo de sobre para que puedas enviarla.

Nombre y apellidos **Fecha**

Querido universo:

Firma

AL UNIVERSO

Hechizos, remedios y conjuros

Hechizos y remedios para mejorar la economía

-1-
Hechizo de dieciocho espigas de la suerte

Material necesario

18 espigas de trigo • 12 monedas de curso legal • 1 jarrón de barro o cristal decorativo • 5 velas doradas

Preparación

Si es posible, recoged las espigas del campo. Pero antes hay que pedirles permiso para cortarlas. Lo haremos preferiblemente a primera hora de la mañana, cuando los rayos del sol no cubran el trigal, y si no tenemos otra opción, elegiremos cualquier otra hora del día. Cortaremos una a una las dieciocho espigas mientras repetimos en voz alta o mentalmente: «Yo me abro a través del trigo a la prosperidad que fluye y refluye».

Si no podemos ir al campo y cortarlas nosotros mismos, las compraremos o alguien nos las puede regalar.

A continuación las esparciremos sobre el lado izquierdo de la mesa e iremos pasando una a una a nuestro lado derecho mientras repetimos otra vez la frase que decíamos mientras las cortábamos.

Luego tomaremos las doce monedas de curso legal en nuestras manos y repetiremos toda la frase cambiando la palabra *trigo* por *dinero*. Una vez dicha pondremos todas las monedas dentro del jarrón. Después introduciremos las dieciocho espigas de trigo y colocaremos el jarrón en el centro de la mesa. Alrededor de este encenderemos las cinco velas doradas y dejaremos que se consuman.

Hechos todos estos pasos colocaremos el jarrón decorativo lo más alto posible y lo tendremos así durante todo un año. Cuando pase ese tiempo recogeremos nuevas espigas para repetirlo. Enterraremos las espigas viejas en un agujero en el campo y así le devolveremos a la tierra lo que tomamos de ella. Las monedas las repartiremos en cuatro grupos de tres. Uniremos las tres monedas del primer montón con nueve monedas nuevas de curso legal para preparar de nuevo el hechizo, y así tendremos las doce que nos hacen falta. Las tres monedas del segundo montón las regalaremos a tres personas necesitadas (los mendigos podrían ser unos buenos candidatos, pues aparte de ayudarlos les estaremos deseando buena suerte, que falta les hace). Las tres monedas del tercer montón se las regalaremos a tres amigos como amuleto así que no

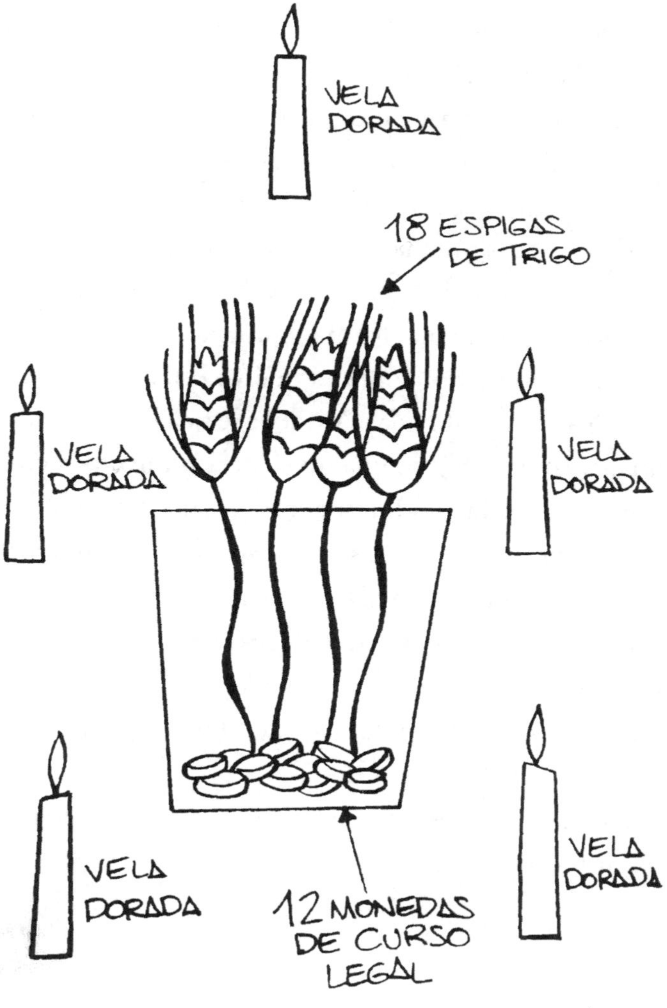
VELA
DORADA
18 ESPIGAS
DE TRIGO
VELA
DORADA
VELA
DORADA
VELA
DORADA
VELA
DORADA
12 MONEDAS
DE CURSO
LEGAL

podrán gastárselas. El cuarto montón será nuestro propio amuleto: una moneda la llevaremos en el monedero, otra la guardaremos en el joyero y la tercera la pondremos donde más nos guste.

He visto cómo a algunos de mis amigos que no tenían trabajo los llamaban para una entrevista justo después de haberles regalado la moneda.

En una ocasión una gran amiga mía estaba muy apurada, pues necesitaba una cantidad de dinero para una operación y no había forma humana de conseguirla. Coincidió con el momento en que yo estaba cambiando mis espigas y mis monedas. Me acordé de ella y de su problema, así que le regalé una de las tres monedas. Le dije que se la guardara en el monedero, en un departamento diferente para que no la gastara por equivocación porque este sería su amuleto de la buena suerte. A los cinco días me llamó muy contenta para decirme que había conseguido el dinero: a su madre le había tocado una cantidad razonable en la lotería y le regaló el dinero que le faltaba para su operación.

Esto nos demuestra que los canales son muchos y las vías por las cuales nos puede venir la ayuda también.

- 2 -
Hechizo para que no te falte dinero en todo el año

Material necesario

una cajita de cartón • 15 monedas de curso legal • sal marina gorda • purpurina dorada • 4 barritas de incienso de pachulí

Preparación

Este hechizo lo prepararemos un domingo a las doce de la noche. Pondremos la cajita de cartón en el centro de la mesa de trabajo.

Después esparciremos dentro una primera capa fina de sal marina y encima pondremos las primeras cinco monedas. A continuación echaremos de nuevo sal marina hasta que tape las monedas y pondremos otras cinco repartidas encima de la sal. Repetiremos esto dos veces más. Se trata de hacer cuatro capas en las que las monedas siempre queden tapadas por la sal. Sobre la cuarta capa esparciremos la purpurina dorada, tapando casi todo el color blanco de la sal. Sobre esta pondremos la quinta y última capa de sal marina.

Cerraremos la caja con la tapa y encenderemos las cuatro barritas de incienso de pachulí en las cuatro esquinas de la caja, y lo dejaremos así toda la noche. Al día siguiente guardaremos la caja en lo alto de un armario. Y cada mes la bajaremos para encenderla de nuevo con cuatro inciensos de pachulí en las cuatro esquinas y dejarlo así toda la noche. Repetiremos esta operación durante doce meses. Pasado un año debemos enterrar la sal y la purpurina en algún campo o jardín, tirar la caja en algún contenedor de reciclaje y con las monedas podemos comprarnos algo bonito. La idea es que las quince monedas sean empleadas en un regalo que nos haremos a nosotros mismos, añadiendo más dinero si hiciera falta.

A continuación podemos repetir el hechizo con materiales nuevos. Si lo hacéis cada año, no os faltará el dinero nunca.

- 3 -
Hechizo para que entre la energía del dinero en tu hogar

Material necesario

una copa de cristal • agua de manantial o lluvia • una gema (un citrino) • un trozo de cinta de seda de color amarillo • purpurina dorada • 3 velas doradas • sal marina • 3 velas blancas

Preparación

Primero tomaremos las tres velas blancas y las colocaremos de tal modo que formen un triángulo con el vértice hacia arriba lo suficientemente grande para que podamos trabajar dentro. Las encenderemos y en el centro colocaremos la copa de cristal y le añadiremos el agua de manantial. A continuación pondremos un puñado de sal marina dentro del agua. Entonces tomaremos el citrino y lo pasaremos por el humo de las tres velas, en el sentido de las agujas del reloj, empezando por la del vértice de arriba, el que apunta al universo. Después introduciremos el citrino dentro de la copa con mucho cuidado. Es conveniente hacer una breve o larga meditación, dependiendo del tiempo de que dispongamos, para pedir aquello que necesitamos o simplemente queremos. Dejaremos que repose todo lo preparado durante veinticuatro

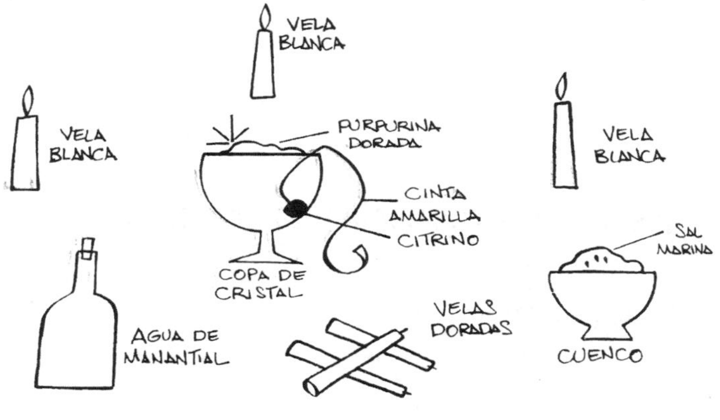

horas. Pasado este tiempo, retiraremos los restos de las velas blancas y en su lugar colocaremos y encenderemos las tres velas doradas. A continuación sacaremos el citrino y lo ataremos a uno de los extremos de la cinta de seda. Lo volveremos a colocar dentro del agua, dejando que un extremo de la cinta salga por fuera de la copa. Después espolvorearemos un buen puñadito de purpurina dorada.

Luego sumergiremos siete veces el citrino, sujetándolo por el extremo de la cinta, a la vez que pedimos en voz alta o mentalmente lo que deseamos. Volvemos a dejar que repose todo lo preparado durante veinticuatro horas más.

Una vez terminado el hechizo colgaremos el citrino por el extremo de la cinta en una ventana o balcón para que le dé el sol durante el día. Sus rayos os ayudarán a que la energía del dinero os entre sin dificultad. Recordad que todos estos pasos hay que acompañarlos de una actitud mental dispuesta y abierta al cambio, y que hay que observar cómo pensamos para poder modificar los malos hábitos.

- 4 -
Hechizo para aumentar el dinero y la riqueza

Material necesario

arroz • semillas de sésamo • semillas de amapola • soja verde en grano • 5 nueces moscadas • un billete de curso legal • una cajita pequeña de barro o madera • 4 velas verdes • un tapete o trozo de tela amarillos • una barrita de incienso de sándalo • un incensario

Preparación

Este hechizo lo harás un domingo a las doce de la noche. Si es posible, utiliza ropa cómoda, lo más suelta posible, que no te apriete por ningún lado, y combinando los colores verde, amarillo y dorado (puede ser con los tres colores, con dos o simplemente con uno). Si tu cabello es largo, recógelo en una cola que no esté apretada.

Primero limpia la habitación con la barrita de incienso de sándalo, pasándola por toda la habitación, sobre todo por los rincones. Una vez que te hayas asegurado de que está bien limpia, coloca la barrita en un incensario y pon este a un lado del tapete, que anteriormente habrás dispuesto encima de la mesa. Forma un cuadrado más o menos grande con las cuatro velas verdes y enciéndelas. Pon la cajita abierta en el centro y después de pasar el arroz por el humo del incienso y las cuatro velas, extiéndelo en una fina capa sobre la base de la caja. Haz lo mismo con las semillas de amapola. Sigue el mismo proceso y forma una tercera capa con la soja verde y una cuarta capa con las semillas de sésamo. Encima de las cuatro capas de semillas pon el billete de curso legal (no es necesario que sea un billete de mucho valor) y por último coloca las nueces moscadas, cada una en una esquina y una en el medio. Cuando las velas se hayan consumido cierra la cajita con mucho cuidado para que no se mueva su contenido. Después envuélvela en el tapete amarillo y guárdala en un armario a oscuras. Este hechizo cuidará tu dinero y tu riqueza.

- 5 -
Hechizo para pedir un deseo económico

Material necesario

albahaca fresca • 5 velas de color naranja • esencia de mandarina • semillas de albahaca • maceta amarilla • tierra para plantar • agua • un trozo de pergamino • un bolígrafo con tinta amarilla • 5 candelabros individuales

Preparación

En este hechizo podemos ponernos una música muy suave de fondo, y la ideal sería la que contenga sonidos de agua, ya sea de una cascada, de una fuente, de un río o del mar. El agua es símbolo de limpieza y nos ayuda a arrastrar todos los obstáculos. Así que su presencia en el comienzo del hechizo será decisiva. Es necesario sentir cómo la magia penetra en nosotros.

Lo primero que haremos será ungir de una en una con la esencia de mandarina las cinco velas color naranja. Mientras lo hacemos, estaremos pensando en el deseo económico que queremos; cerraremos los ojos y mientras untamos las velas nos dejaremos llevar por la música. Nos tomaremos todo el tiempo que sea necesario (si carecemos de él, es mejor aplazar el hechizo y hacerlo en otro momento).

Si ya hemos conseguido implicarnos lo suficiente y nuestras velas están bien cargadas de energía positiva, las colocaremos en candelabros individuales y haremos un círculo con ellas sin encenderlas de momento. Dentro del círculo colocaremos la maceta y echaremos en su interior tres o cuatro dedos de tierra. Luego esparciremos sobre esta las semillas de albahaca y volveremos a echar más tierra para cubrirlas bien. Después escribiremos en el pergamino con el bolígrafo amarillo el deseo que esperamos que se cumpla. Cortaremos el papel en trocitos con los dedos y también lo depositaremos dentro de la maceta, tras lo cual volveremos a echar más tierra hasta llenarla y cubrirlo todo. A continuación ya podremos regarla.

Por último encenderemos las velas y colocaremos las ramas de albahaca fresca alrededor de la maceta. Cuando se hayan consumido las velas, pondremos la maceta en un balcón y nos aseguraremos de cuidarla bien porque tiene que dar sus frutos, y eso dependerá de nosotros. Si la albahaca crece, nuestro deseo se cumplirá; si no, tendremos que repetir el hechizo.

Las ramas de albahaca fresca que hemos utilizado en el hechizo las podemos usar para cocinar, y las de albahaca seca, para otros hechizos o para *sachets*. También podrás regalarlas a las personas que quieres, para que las ayude también con su economía. Las vibraciones que ha absorbido nos ayudarán en nuestro propósito. Es muy importante saber que si retienes las ramitas de albahaca en un acto de egoísmo y no las repartes entre tus amigos, el hechizo se volverá en tu contra y dejará de funcionar. Cuantas más ramitas regales, mejor.

- 6 -
Hechizo para aumentar la economía de tu negocio

Material necesario

2 cucharadas soperas de colorante de azafrán • una cucharada de moka de hebras de azafrán • 2 cucharadas soperas de canela en polvo • 3 clavos de hierro • un imán • una botella de cristal opaco • 7 velas doradas • sal marina gorda • incienso natural

Preparación

Prepara este hechizo un domingo a las doce de la mañana. Pon todos los materiales en tu mesa de trabajo y enciende un poco de incienso natural, que te ayudará a concentrarte. Destapa la botella e introduce las dos cucharadas soperas del colorante de azafrán, luego mete en su interior los tres clavos, seguidamente añade las dos cucharadas soperas de canela en polvo y encima el imán. Con los dedos esparce todas las hebras de la cuchara de moka dentro de la botella. Rellena el resto con sal marina, y luego ciérrala con un tapón de corcho o de metal (pero que no sea de plástico). Una vez cerrada déjala en el centro de la mesa y a su alrededor coloca las siete velas doradas en círculo. Luego debes encenderlas una a una con cerillas de madera y dejar que se consuman. Cuando se apaguen, coloca la botella en una ventana a la intemperie durante siete días con sus siete noches. Hay que asegurarse de que la botella esté bien cerrada, pero no importará que le dé el calor o el frío, que le caiga la lluvia o la nieve (desde luego no podrá tener mejor augurio si se pone a nevar durante los siete días que la botella esté en la ventana). Una vez que hayan transcurrido los siete días, pon la botella cerca de la caja registradora. Si tienes varias cajas, puedes preparar varias botellas. En ese caso puedes colocarlas todas dentro del mismo círculo de velas, pero dentro de cada botella tendrá que haber exactamente las cantidades que pone en la lista de material necesario (este no se puede ni repartir ni dividir entre varias botellas).

Si no tuvieras caja registradora, ponlo al lado o encima de lo que consideras más significativo: la centralita telefónica, los catálogos de productos, la mesa donde trabajas, el ordenador, los documentos bancarios (cartillas, comprobantes de ingresos, extractos), o encima de una cantidad de dinero que te hayan ingresado. Servirá hacer fotocopias de los documentos y utilizar estas en vez de los originales. Notarás la diferencia.

- 7 -
Hechizo de la botella de corte

Material necesario

alfileres • menta fresca • albahaca fresca • sal marina • 7 velas negras • una botella de cristal opaco • esencia de pachulí • aceite de almendras o de oliva • un bol de cristal grande • un mortero • una tabla de madera • un cuchillo de cocina • 4 barritas de incienso de sándalo • medio limón

Preparación

El preparado de esta botella nos será muy útil en procesos muy negativos y de desesperación, cuando los asuntos económicos, los negocios o la prosperidad en general no puedan irnos peor. Esta mala situación puede ser causada por malas gestiones, o porque pensemos que alguien nos ha hecho alguna magia negativa, o simplemente por razones que desconocemos. Cuando ya no sabemos qué hacer, la botella de corte nos puede ser muy útil. Es muy eficaz porque corta toda negatividad, toda energía estancada y todo proceso que obstruya a otros.

Una vez hecha la botella y enterrada, hay que esperar una semana para poder preparar otro hechizo para mejorar la economía o la prosperidad en general. Después del corte el camino ya estará libre para que entre todo lo bueno. Si las cosas están muy mal, la botella de corte se puede hacer una vez al mes, pero no más.

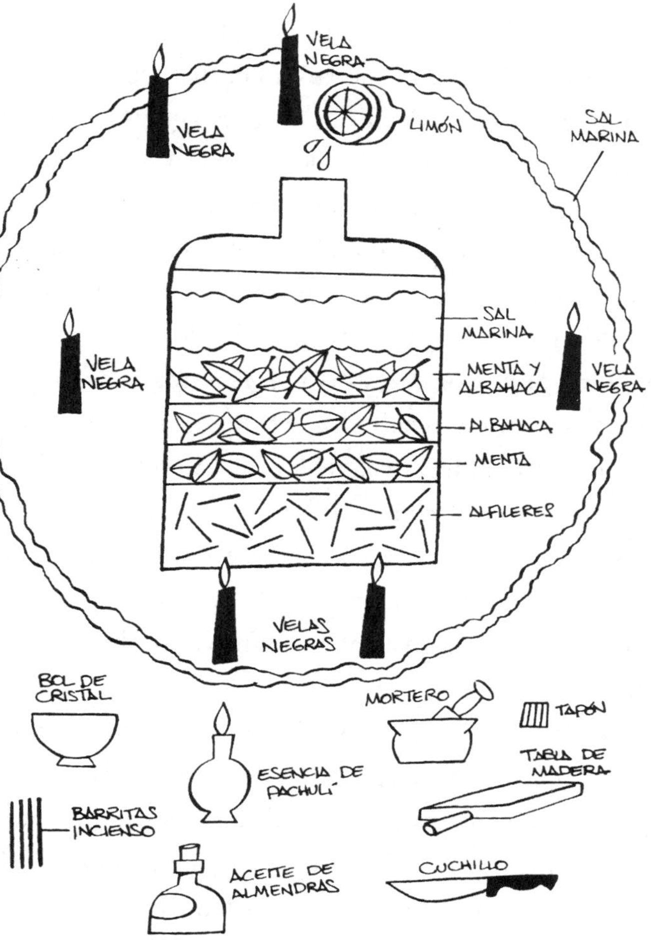

Para prepararla, se colocan todos los materiales, sin que falte ninguno, en nuestra mesa de trabajo, ya que una vez que empecemos no podremos salir de la habitación o alejarnos mucho del lugar donde estamos preparando el hechizo. Primero hay que encender las cuatro barritas de incienso en las cuatro esquinas de la habitación para que empiecen a limpiar y sanear el cuarto. Después hay que tomar la botella y poner dentro cinco gotas de esencia de pachulí y quince de aceite de almendras o de oliva. Luego se cierra y se agita durante un rato para que la mezcla se pueda repartir por toda la botella. Para esta operación podemos ponérnosla en las palmas y frotarnos las manos; así, además de hacer que se mezclen los aceites la estaremos cargando con nuestra energía. Gracias a esto obtendremos mejores resultados. Después introduciremos la mitad de los alfileres y la dejaremos a un lado de la mesa. Tomaremos el mortero y dentro pondremos una cucharada sopera de menta fresca, la moleremos y la meteremos en el bol de cristal. Sin limpiar el mortero añadiremos una cucharada sopera de albahaca. Una vez molida la pondremos en el bol junto con la menta. A continuación tomaremos la tabla de madera y picaremos con el cuchillo de cocina unas cuantas ramas más de menta y albahaca juntas que también añadiremos al bol. Removeremos todos los ingredientes con los dedos e iremos añadiéndoles sal marina poco a poco. Es importante dedicar el tiempo necesario para que quede bien mezclado. Una vez preparada la mezcla, tomaremos de nuevo la botella con los alfileres que le hemos introducido anteriormente y pondremos el contenido del bol hasta la mitad del frasco. Después le añadiremos el resto de los alfileres y encima de nuevo más mezcla hasta llenar la botella. Entonces exprimiremos un chorro de limón y cerraremos la botella, siempre con tapón de corcho o metal y nunca de plástico. La dejaremos en el centro de la mesa y la rodearemos con las siete velas negras. Alrededor de las velas haremos otro círculo de sal marina y dejaremos que las velas se consuman.

Luego hemos de ir al campo y enterrar la botella bien hondo, asegurándonos de que nadie la pueda encontrar. No sirve el jardín de casa, ni el jardín de nadie, tiene que ser en la montaña, pues esta se encargará de transmutar la energía negativa por la energía positiva y de hacer su proceso.

- 8 -
Hechizo de la botella mágica

Material necesario

una botella de cristal transparente • medio folio amarillo • cola de pegar transparente • canela en polvo • cinta de color oro • miel de melisa o de flores • esencia de melisa (toronjil) • 3 velas doradas • 5 barritas de incienso de pino

Preparación

Con esta otra botella podremos pedir cualquier deseo, sea lo que sea, aunque no tenga que ver con el dinero. Recordemos que la prosperidad es todo, y por eso podemos aprovechar esta botella mágica para pedir ese deseo.

Colocaremos y encenderemos las cinco barritas de incienso de pino, primero para limpiar la habitación y segundo para crear el ambiente necesario. Situaremos cuatro barritas en las cuatro esquinas de la habitación y la quinta a un lado de la mesa de trabajo. Ya podemos empezar a preparar el hechizo.

En un lado del folio escribiremos la fecha en la que estamos haciendo la petición, y a continuación podemos empezar a redactarla. Te recuerdo que es muy importante que escribas tu deseo con todos los detalles posibles y que al final de la hoja debes poner tu firma. Si pediste algo para tu empresa y tienes un sello, sería importante que lo pusieras y entonces firmas encima. A continuación empapa el pincel de la cola y deslízalo sobre lo que has escrito y después espolvorea la canela para que quede pegada en el folio (sé generoso con la canela). Luego enrolla el folio y átalo con la cinta dorada, haciendo siete nudos, y ponlo a un lado. Toma la botella y llénala hasta la mitad de miel, luego introduce el folio y sigue echando miel hasta que quede completamente cubierto. Después échale veinte gotas de toronjil (esencia de melisa, que es como se la conoce más comúnmente) y ciérrala con un tapón de corcho.

Con las tres velas doradas haz un triángulo con el vértice hacia arriba y coloca la botella dentro, y deja como siempre que se consuman las velas. Luego desplázate hasta el mar y con la botella en tus manos haz una pequeña meditación, pensando en lo que has escrito y deseando que se cumpla. Cuando termines, tírala con todas tus fuerzas hacia el interior del agua. Verás como se cumple tu deseo.

Solo podrás tirar esta botella, que tiene un buen fin. Pero no se te ocurra tirar cosas al mar porque todos vivimos de él. Sobre todo recuerda que muchos peces mueren precisamente por los vertidos que se hacen, así que debemos colaborar todos un poquito para mantener limpio nuestro mar, que es el de todos. Nuestros hijos, nietos y la descendencia de estos te lo agradecerán en el futuro. Si no lo limpiamos y cuidamos, nada tendrán que agradecer. Colabora. Te doy las gracias por los que aún no pueden hablar, por los que no podrán hablar nunca y por aquellos cuya condición no les permite expresarse verbalmente.

GRACIAS EN NOMBRE DE TODAS LAS VIDAS FUTURAS.
GRACIAS EN NOMBRE DE LOS QUE AÚN TIENEN QUE VENIR.
GRACIAS EN NOMBRE DE TODO SER VIVO,
YA SEA PERSONA, ANIMAL O VEGETAL.
Y GRACIAS A VOSOTROS, POR COMPARTIR MI AMOR
POR ESTE MARAVILLOSO PLANETA

LOS MALOS HÁBITOS

El dinero es una energía y no se puede despreciar. Por ello tenemos que medir nuestras palabras y nuestros actos. No podemos pasarnos la vida quejándonos de las facturas que nos llegan, de los impuestos que tenemos que pagar, de la hipoteca, de las letras del coche, de las cuotas de la escuela, los libros... Ya sabemos que hay gastos injustos y que esta sociedad nos los hace pagar muy caros. Pero mientras no haya otras soluciones o no hagamos nada por cambiarlo, es preciso que demos las gracias a ese dinero que nos llega, porque nos permite saldar todas nuestras deudas. No olvidemos que somos nosotros los que adquirimos el producto y el compromiso de pagar, somos los responsables de nuestros actos. Ya hemos dicho que todo queda registrado en nuestra mente y que esta es como un ordenador que graba todo lo que pensamos, pero también hemos visto que no es inteligente, no puede pensar ni discernir por sí misma. Si estamos pensando que el dinero es un «mal rollo», que nunca nos llega, que nunca tenemos la cantidad suficiente y que siempre estamos amargados por él, nuestra mente está interpretando que no lo queremos, que no nos hace falta, y eso precisamente es lo que obtenemos, cantidades pequeñas que apenas nos dan para pagar las facturas y poder vivir.

La energía del dinero hay que cuidarla, mimarla y siempre estar agradecidos por ella. ¿Qué haces cuando te encuentras un céntimo de euro en el suelo? La mayoría de las personas piensan que por esa cantidad no vale la pena agacharse a recogerlo. ¿Qué haces cuando vas a la compra y han de devolverte un céntimo de euro? La gran mayoría dice: «¡Ah, es igual, para la cantidad que es, quédeselo!», Y eso no es lo mismo que dar una propina, lo estamos dando porque nos parece una cantidad insignificante. Y eso es justamente lo que se está grabando en nuestro subconsciente: que no vale la pena y por eso lo estamos desechando. Como ya he dicho, nuestra máquina mental no sabe discernir y habrá que ayudarla para que entienda que el dinero sí nos importa, sí nos hace falta y sí lo queremos.

Hay otro tipo de personas que dicen ser muy espirituales y asocian la espiritualidad con la pobreza. ¿En qué lado estás tú y en qué lado deseas estar? No es una crítica a estas personas y a su forma de pensar, ni muchísimo menos. Pero si soy muy espiritual y no tengo ni un céntimo, como espiritual que se supone que soy, ¿cómo voy a ayudar a los demás si casi no tengo ni para mantenerme yo? Si soy espiritual de verdad y tengo mucho de todo (amor, dinero...) ¿os imagináis cuánto puedo llegar a dar a los demás y cuánto puedo ayudar realmente?

No sé qué queréis vosotros, pero yo quiero tener mucho dinero y mucho de todo (siempre y cuando sea lo mejor para mí). Ya me encargaré yo de repartir y hacer buenas obras. Por desgracia hay muchos niños en el mundo que se están muriendo de hambre, muchos ancianos que necesitan atenciones, muchas mujeres maltratadas que no saben dónde esconderse y no tienen dinero para ellas y sus hijos, muchos animales abandonados y maltratados, muchas tierras para trabajar para que puedan comer los que no tienen comida, un planeta que cuidar que cada vez tiene menos recursos. Y podría continuar con una larga e interminable lista, de la cual me siento avergonzada. Hasta que los seres humanos no quieran darse cuenta de los problemas tan grandes que tenemos, hasta que no quieran verlo y hacerle frente seguiremos padeciéndolos y algunos peores. Así que por esas razones y muchas más yo sí quiero tener mucho dinero. ¿Tú no?

Hay otro tipo de personas que piensan que si piden mucho a su dios las va a castigar por ser egoístas y avariciosas. Por ello cuando hablan dicen: «Pero si yo lo único que le pido a la vida o a Dios es trabajo». Pues bien, eso es lo que tienen, mucho trabajo que les impide disfrutar de sus seres queridos y otros placeres de la vida. Encima su esfuerzo no está recompensado porque les pagan fatal, por lo cual siguen pidiendo más trabajo, y es que se olvidaron de pedir que les paguen bien y grabar en su subconsciente la cifra que necesitan para vivir desahogadamente. Está muy bien pedir salud y trabajo, pero pedid también dinero, porque también os lo merecéis.

Señoras y señores, es momento de empezar a hacer vuestras demandas a lo grande. Vosotros pedid, que el universo ya se encargará de repartir a cada uno lo que se merece, pues tiene de todo y para todos. Pero eso sí, si aprendéis a pedir y el universo os lo concede, acordaos de cuando no teníais nada y de que hay muchas personas con carencias y algunas en peores circunstancias de en las que estabais vosotros. Así que sed generosos y ayudad a los más necesitados. O colaborad en causas que vosotros elijáis.

Cuando empecé a entender que el dinero es una energía y que hay que darle la importancia que se merece, tomé la decisión de empezar a cambiar mis hábitos. Pero a mí también me costó lo mío llegar a estas conclusiones. Me educaron en la creencia de que no se puede pedir mucho, porque si lo haces no te darán nada. Pero pensé que si no lo pides, o no pides mucho, tampoco tienes nada, o muy poco. Al final me di cuenta de que por eso nunca me salían las cuentas y siempre me faltaba.

Entonces comencé a observarme y a ver mis formas de pensamiento. Os garantizo que si lo hacéis descubriréis cosas de vosotros que hasta el momento no conocíais. Al observarnos es cuando podemos rectificar y cambiar hábitos. Yo empecé a controlar los cambios, y eran muchas las veces que me venía la tentación de no aceptar ese céntimo de euro que sobraba. Aún hoy me pasa alguna vez, pero me observo y finalmente lo tomo y le doy las gracias a mi monedita. Las personas somos animales de costumbres, y cambiar no es fácil, pero sí posible. Y entonces fue cuando empecé a crear mi bol de las riquezas, que para mí fue y sigue siendo una manera de dar importancia a las cosas.

EL BOL DE LAS RIQUEZAS

Puede ser un bol pequeño de cristal, barro, porcelana, o un tarrito de esos que solemos tirar después de haber consumido su contenido (por ejemplo: de frutos secos, pepinillos, patés...). Yo siempre lo tengo en la mesa de mi despacho.

Cada vez que encuentro una moneda, por pequeña que esta sea, la recojo y la pongo en mi tarrito, que siempre está abierto. Si se utiliza un tarrito que tenga tapadera, es preferible tirarla o guardarla, pues el bol tiene que estar siempre abierto para que fluya la energía del dinero.

Todo el mundo se encuentra alguna vez una moneda en el suelo, en un abrigo guardado en el armario, en el bolso de la temporada anterior, cuando se hace limpieza detrás de algún mueble o en cualquier otro sitio. Esas son precisamente las que hay que poner en el tarrito: las que nos encontramos.

Aunque también podemos poner aquellas que nos devolvieron de la compra e íbamos a rechazar. Cuando nos encontramos un billete o un montón de monedas, cosa que a veces pasa, y no podemos devolverlo porque no sabemos de quién es, lo que se hace es donar el diezmo, que como ya sabemos es la décima parte de cualquier cantidad, y el resto lo podemos gastar o guardarlo.

20€

El bol de las riquezas tiene la finalidad de ir recordándonos que el dinero es importante. Cada vez que ponemos una moneda en su interior le estamos dando importancia (energética y física) y poder para que se manifieste y se haga presente en nuestras vidas.

La finalidad no es llenar el bol, pero si esto ocurre y conseguimos reunir una cantidad razonable, tenemos que darle una bonita despedida a este dinero. Podemos emplearlo para una buena causa y regalárselo a alguien que lo necesite más que nosotros, o podemos salir de compras y hacernos un bonito regalo (que también nos lo merecemos). En los dos casos el destino del dinero es correcto.

Si al cabo del tiempo solo hemos reunido una cantidad pequeña, también es bueno gastarla, porque si no esa energía se estanca, y tampoco nos conviene. Si no nos llega para nada la cantidad reunida, le añadimos dinero nuestro y el problema ya está resuelto.

¡Suerte con vuestro bol de las riquezas! ¡Os dará muchas!

REMEDIOS Y CONSEJOS

Aquí explico algunos remedios fáciles y caseros que te serán muy útiles.

En primer lugar hay que limpiar el hogar o tu negocio. Para ello debes pasar por todos los rincones barritas de incienso de pachulí. Luego pon plantas de albahaca o menta para que adornen. Procura tener siempre en tu lugar de trabajo, allí donde preparas tus magias y hechizos, especias y plantas tan sencillas como las dos que ya hemos nombrado más arriba y además azafrán en hebras y colorante, alfalfa, canela, diente de león, eneldo, jengibre, madreselva, nuez moscada, pino, salvia, melisa (toronjil) y otras que tú elijas. Procura no comprar cantidades grandes de la misma planta; es preferible que las vayas gastando y renovando. Guárdalas en tarritos con su etiqueta y que no estén expuestas al sol directamente.

Es aconsejable guardar las plantas frescas que no estén en macetero (como la hierbabuena, la albahaca, la alfalfa...) dentro de la nevera para que no se pudran. Si las hemos secado adecuadamente ya las podremos guardar en tarritos y fuera del frigorífico.

Si tienes un negocio, es conveniente fregar siempre el suelo con unos granos de sal marina y un chorrito de vinagre de manzana. Estas sustancias limpian en profundidad todo lo negativo. Si estás recibiendo del exterior malos pensamientos por parte de otras personas, que quizá no deseen que prosperes en tu negocio, esto hará que arrastre todas las malas energías y tu esfuerzo será recompensado. Junto a la caja registradora ten siempre una copa llena de sal marina y cerca de esta un ramo de flores frescas.

Repartir por algunos lugares del comercio unas cuantas gemas (como los citrinos, que son baratos y fáciles de encontrar) nos ayudará a atraer el dinero. El lapislázuli tiene entre otras facultades la de ayudarnos a aumentar la economía; además es estéticamente muy bello, y podemos llevarlo colgado del cuello con una cadenita, y también nos servirá para las buenas comunicaciones, porque esta gema desbloquea el chakra de la garganta. Los cuarzos transparentes son geniales para mantener el ambiente limpio de malas vibraciones; puedes colocar varios repartidos detrás de las botellas, figuras o archivos, dependiendo del tipo de negocio que tengas. Si trabajas con ordenador es conveniente poner encima un cuarzo transparente un poco grande. Cuando acabes la sesión debes poner el cuarzo bajo el grifo para que le caiga agua abundante durante un minuto; luego tienes que secarlo con los rayos del sol, pero si no hay sol o es de noche debes secarlo con un paño y volver a colocarlo sobre el ordenador. Es recomendable que las piedras estén escondidas para que no las toque nadie. Las gemas de otras personas no deben tocarse a menos que nos den permiso para ello. Al tocarlas podemos descargar nuestra energía en ellas y ya no será la energía de su dueño, impidiéndoles hacer su trabajo. Si la persona que toca la piedra es negativa o nos desea algún mal, nos lo transmitirá a través de ella. Por eso es muy recomendable hacer una limpieza de las gemas como mínimo una vez al mes. Dependiendo del tipo de negocio que tengamos o lo negativos que estemos, habrá que limpiarlas con mayor o menor frecuencia. Si por ejemplo nuestro negocio es un bar donde entra mucha gente, además está contaminado por el humo del tabaco y a veces puede llegar a haber algún conflicto por los excesos del alcohol, en este caso es muy aconsejable tener gemas de cuarzo y limpiarlas muy a menudo.

En mis anteriores libros de La Bruja Moderna, explico cómo limpiar las piedras, pero para quien todavía no los conozca me permitiré volver a repetirlo brevemente.

Si limpiamos varias gemas a la vez nos servirá un recipiente grande de cristal. La mejor agua es la de manantial o la de lluvia, pero si no es posible conseguirlas también podemos utilizar la del grifo. Colocaremos las gemas dentro del recipiente, les pondremos un gran puñado de sal marina encima y luego iremos vertiendo el agua hasta que cubra las gemas más o menos unos tres dedos y las dejaremos allí durante veinticuatro horas a la intemperie para que les dé el sol y la luz de la luna. Es preferible realizar la limpieza un día con luna llena. No debéis secarlas con un trapo, hay que dejar que lo haga el sol (no importa si es un día nublado). Repartid las gemas por el suelo o ponedlas en una ventana. Cuando estén secas, ya estarán listas para repartirlas de nuevo por vuestro negocio o casa. Podéis limpiar las gemas tantas veces como deseéis o como creáis conveniente. Al limpiarlas, su energía se restablece y vuelve a irradiar, o absorber con fuerza.

En el apartado de las gemas tienes algunas para elegir las que más te gusten o sean más afines a ti; también en el apartado de amuletos de la buena suerte y en el de las hierbas. Algo muy positivo es tener flores y plantas frescas en casa. Elige las que más te gusten y aprende a convivir con ellas y a preparar tus hechizos y aceites.

Conjuros para atraer el dinero

Conjuro I

Material necesario

sal marina • una cartulina amarilla • 9 monedas de curso legal • 4 velas doradas • una vela roja

Preparación

Este conjuro es aconsejable hacerlo el primer domingo del mes y por la noche. Primero coloca la cartulina amarilla encima de una superficie plana y haz con la sal un círculo lo más grande posible dentro de la cartulina. Después haz otro con las nueve monedas dentro del círculo de sal y en el centro enciende la vela roja. Fuera de la cartulina y en las cuatro esquinas enciende las cuatro velas doradas, de una en una, mientras repites en voz alta y para cada una de ellas el siguiente conjuro:

Le doy luz al oro. Le doy poder a la luz y al oro.
Y el oro y la luz con su poder me devuelven
el dinero que yo alimenté.

Deja que las velas se consuman durante toda la noche.* Luego gasta cuatro monedas y guarda las otras cinco como amuletos. Este conjuro te ayudará a atraer el dinero.

Conjuro 2

Material necesario

un billete de curso legal • cinta verde • semillas de amapola • semillas de sésamo • celo • 4 velas verdes

Preparación

Haz este hechizo una noche con luna llena. Coloca el billete encima de la mesa, pon a su alrededor las cuatro velas, de tal manera que cada esquina del billete tenga una vela, y enciéndelas. Después esparce las semillas de amapola sobre el billete, mientras dices en voz alta:

Estas semillas de amapola te doy
para que el dinero venga a mí.

---

* Dejar que las velas ardan sin supervisión puede resultar peligroso. Es imprescindible tomar todas las precauciones, realizar el hechizo en un lugar seguro y asegurarse de colocar las velas sobre superficies que sean resistentes al calor y lejos de objetos inflamables.

Luego esparce las semillas de sésamo sobre el billete y repite el conjuro cambiando el nombre de la semilla. Cuando las velas estén a la mitad, toma el billete y enróllalo como si fuera un tubo, pero con cuidado de que no se caigan las semillas. Después utiliza el celo para pegar un extremo del billete sin que pierda su forma de tubo, y di en voz alta:

Por aquí te sello, para que no se escape mi dinero.

Haz lo mismo con el otro extremo del billete, repitiendo la frase y átalo en el centro con la cinta verde. Luego déjalo de nuevo en el centro de las velas hasta que estas se consuman. Después cuelga el billete de la cinta en una ventana o balcón. ¡Verás como te entra más dinero!

Conjuro 3

Material necesario

14 barritas de incienso de pachulí • 9 velas rojas • 2 velas doradas • 2 imanes • un billete de curso legal

Preparación

Pon en horizontal sobre la mesa seis barritas de incienso una al lado de la otra dejando entre ellas unos centímetros y enciéndelas. Por encima de las barritas y en los dos extremos, coloca y enciende las dos velas doradas.

Por debajo del incienso y en el centro de la mesa, pon un imán, encima el billete de curso legal y luego el otro imán para que queden pegados sujetando el billete. Mientras haces esta operación di en voz alta:

Con este imán atraigo tu energía, con este billete reclamo al dinero y contigo queda mi acto pegado y sellado.

Entonces pon y enciende una vela roja a la derecha del imán. Deja que se consuma para que el conjuro se cargue bien de energía. Durante los ocho días siguientes enciende una vela roja y un incienso de pachulí. Transcurrido este tiempo, toma tu billete y gástalo en elementos para la prosperidad: inciensos de pachulí, esencias, gemas, plantas, cintas de colores variados, purpurinas, velas, cartulinas, folios, un cáliz u otros productos que necesitarás para hacer tus hechizos y conjuros. Si en ese momento estás buscando trabajo, puedes invertir el billete en comprar el periódico y echar un vistazo a las ofertas de trabajo. Es muy posible que tengas suerte y lo encuentres.

Conjuro 4: dinero para tu negocio

Material necesario

una botella de cristal con tapón de corcho • un cuarto de hoja de pergamino • cinta amarilla • purpurina dorada • un paquete de arroz • 2 velas amarillas • 3 barritas de incienso de pino

Preparación

Coloca la botella en el centro de la mesa. En el lado izquierdo y derecho enciende las dos velas amarillas y mientras estas se van consumiendo escribe en el pergamino la siguiente frase, que después debes leer tres veces en voz alta:

Le pido a la energía de la prosperidad que mis ventas aumenten y que entre el dinero de verdad. Que entre el bien y que salga el mal. Que así sea, y así será.

Deja el pergamino junto a una de las dos velas y deposita purpurina dorada en el interior de la botella. Sé espléndido y echa bastante purpurina. Luego añade el arroz y encima otra capa de purpurina. Entonces enrolla el pergamino y átalo con la cinta amarilla, haciéndole los famosos siete nudos. Introduce el pergamino en la botella y echa arroz hasta que quede de pie. Con el pergamino semienterrado o enterrado del todo ya puedes cerrar la botella con el tapón de corcho. Después enciende las tres barritas de incienso de pino, dejando unos centímetros entre ellas. Sujeta la botella por el cuello para que quede vertical y pásala por encima de cada una de las barritas de incienso y di en voz alta el siguiente conjuro:

Yo te consagro por aire una vez.
Yo te consagro por aire dos veces.
Yo te consagro por aire tres veces.

Deja la botella de pie en el centro de la mesa y espera a que se consuman el incienso y las dos velas amarillas. Debes preparar este hechizo un domingo por la noche y el lunes por la mañana debes poner la botella cerca de la caja registradora. Te sorprenderá su resultado.

Conjuro 5: crisis en tu negocio

Material necesario

eneldo seco • salvia seca • melisa seca (toronjil) • 2 barritas de incienso natural • alcohol de quemar • una cucharada sopera de sal marina • un cuenco grande de barro o metal • un folio blanco • 3 velas: una verde, otra roja y otra amarilla • un bolígrafo rojo • cerillas de madera • unas tijeras • una cuchara de madera

Preparación

Como ya sabes, es muy importante tener todos los materiales preparados antes de comenzar el conjuro. Empezaremos encendiendo las dos barritas de incienso, una en el lado derecho de la mesa y la otra en el lado izquierdo, lo más separadas posible. Cerca de ti y a la altura de tus manos coloca el cuenco (debe ser bastante grande para que quepan bien todos los ingredientes). Por encima de este, dispón en horizontal las tres velas, dejando bastantes centímetros entre ellas. A la izquierda la vela verde, en el centro la roja y a la derecha la amarilla, y las enciendes en el mismo orden con las cerillas de madera. Toma el folio y con el bolígrafo rojo empieza a escribir la dirección, el teléfono y todos los datos que puedas poner de tu negocio. No olvides añadir en qué fecha aproximada empezó la crisis, y luego escribe las cosas que tú crees que deberían cambiar para que funcione mejor. Al final estampa tu firma y el sello de la empresa, si lo tienes. Si sois más de un socio, sería bueno que firmaseis todos, pero si no es posible bastará con tu firma. Deja el folio a un lado y pon mucha concentración en los pasos siguientes, que son muy importantes.

Toma un puñadito de eneldo, lo que te quepa en el puño, y mientras lo echas en el cuenco muy despacito repite tres veces en voz alta:

Contigo, eneldo, purifico y equilibro mi economía.

Luego toma otro buen puñado de salvia, y mientras lo tiras lentamente en el cuenco repite también tres veces en voz alta:

Tú, salvia, me ayudarás a recordar la verdad,
de mi freno y mi mal.

Y por último toma otro puñado de melisa (toronjil) y mientras lo tiras despacio en el cuenco, repite tres veces en voz alta:

Y contigo, melisa,
desbloqueo y hago que entre mi dinero.

Concéntrate y con los dedos remueve las hierbas para que queden bien mezcladas. Añade la cucharada sopera de sal marina y vuelve a remover bien la mezcla. Corta a trocitos pequeños el folio que habías escrito y mézclalo con las hierbas y la sal. Asegúrate de que todo está bien mezclado. Por último echa un buen chorro de alcohol de quemar, pero ten cuidado de no pasarte pues no se trata de provocar un incendio. Para mayor seguridad puedes realizar este conjuro en el suelo y sin ningún tapete. Vuelve a remover la mezcla con la cuchara de madera para asegurarte de que el alcohol llegó hasta el fondo y quemará bien. Entonces, desde una cierta distancia, enciende una cerilla de madera y tírala dentro del cuenco. Contempla cómo se quema su contenido y repite tres veces y en voz alta las siguientes palabras:

Fuego que todo lo quemas,
fuego que todo lo purificas,
haz que con tus llamas
desaparezca esta racha maldita.

Mientras se consume el fuego, sigue concentrado y pide que cambien las cosas. Deja que las velas se consuman en su totalidad. Luego retira las cenizas del cuenco y entiérralas al pie de un árbol en el campo o en una maceta grande. Verás qué cambio...

Amuletos y talismanes

Introducción

Desde las más antiguas culturas y civilizaciones –incluso desde las más remotas y perdidas– el ser humano ha rendido culto a sus dioses y con ellos a toda una serie de objetos llenos de simbolismo. A estos objetos se les atribuía una serie de cualidades y de poderes mágicos. Cada uno poseía un poder distinto: el de curar, el de alargar la vida, el de enamorar, el de la suerte, el de atraer las lluvias, el de favorecer las cosechas...

Hemos llegado a nuestros días teniendo las mismas creencias o algunas muy similares, que van en función de nuestra cultura y la evolución que ha adquirido el ser humano en el momento presente. Algunas de estas creencias ancestrales han desaparecido y otras, sin embargo, están muy arraigadas. Pero estas costumbres pertenecientes a otras civilizaciones, culturas y religiones ancestrales que están muy arraigadas en el momento presente sufrieron un corte en el tiempo y en nuestra historia. Un corte que alcanzó a gran parte de Europa y que divide a partir de entonces lo que antes era una sabiduría ancestral y una cultura rica en simbolismos, costumbres, creencias...

Este corte inicia una nueva etapa que marcará los siglos posteriores. La nueva sociedad es más insegura, está más desvalida, desprotegida y sucia, e incluso ha sido acusada de banal y diabólica. Una nueva sociedad a la cual se la somete a mucha más pobreza, donde la miseria se hace eco de su presencia, donde las enfermedades están por doquier, donde la cultura se detiene, donde las grandes calles de piedra y de tierra huelen a carne quemada, donde la población es privada de sus derechos, donde por falta de higiene y medios la peste es la compañera fiel del pobre, donde la Inquisición (el tribunal nombrado y apoyado por el papado que perseguía y pretendía aniquilar la herejía) arrasa pueblos, ciudades y países. Todos estos cambios se realizan con la intención de someter al pueblo y para ganar la batalla del poder, un poder conseguido a través del miedo y la impotencia de sus habitantes. Por supuesto, me estoy refiriendo a la Iglesia, que es la que nombró, apoyó y dio carta blanca a esa Inquisición que tan negativamente ha marcado nuestra cultura y que aniquiló unas prácticas, unas creencias, una forma de vida, para imponer otras. En esa nueva sociedad solo sobrevivían los poderosos, los ricos y la Iglesia. Y ambos se asociaban y hacían tratos para aumentar sus respectivos patrimonios a costa del sudor y la sangre del pueblo, que era el que moría de hambre o de peste y que siempre tenía el temor de morir en la hoguera, acusado de practicar la brujería y de hacer pactos con el diablo.

En esta nueva época la población disminuyó de forma importante. Además, también estaba prohibido tener relaciones sexuales fuera del matrimonio y dentro de este cuando no perseguían la procreación. Las mujeres escondían sus barrigas cuando quedaban embarazadas porque era símbolo de vergüenza. Cuando había indicios de que las relaciones se habían tenido fuera del matrimonio o fuera de los días permitidos, las embarazadas eran torturadas, quemadas vivas o sus fetos arrancados en vivo porque eran hijos del pecado. Si se había quedado embarazada siendo soltera y la dejaban tener su hijo, era repudiada por todo el pueblo, señalada con el dedo, y su hijo y ella fueron despreciados de por vida, este por ser un bastardo y por tener la culpa de que su madre no fuera pura. Y ese era el castigo más suave: en muchos casos podía ser torturada y llevada a la hoguera durante el embarazo, porque decían que el hijo que llevaba dentro era del diablo.

La Iglesia iba ganando terreno y expandiéndose por países enteros, en los cuales imponía su criterio y sus leyes; quedaban incluso a veces anuladas las de los propios monarcas, y todo bajo la falsa promesa de la salvación. Así lograba cada vez más fuerza, más poder, más aliados y mucho más dinero. Solo tenemos que mirar hacia el pasado y ver las catedrales, las iglesias y los monasterios que se construyeron en esos siglos. No damos un solo paso sin tropezar con uno de esos edificios, muchos de una belleza arquitectónica digna de admirar, extraordinaria, pero a qué precio. Están llenos de riqueza. De riqueza material, porque en ellos es imposible encontrar riqueza espiritual, pues se construyeron con el esfuerzo de muchos inocentes y en ellos se juzgó y se mandó a la hoguera a otros muchos.

Personalmente, creo en algo mucho más grande, llamémoslo dios, entidad, energía, buda... Da igual cuál sea su nombre, aunque creo que carece de él. No hay nombre ni palabra que pueda definirlo, ni tan siquiera se puede saber si es masculino o femenino. ¿O es la unificación de ambos? Pero creo en ese algo. En ese algo que no sé lo que es, pero sí sé que no es lo que me quieren hacer creer, y una de las razones por las que no creo en lo que ellos dicen es que matan en su nombre...

Quizá te estarás preguntando: ¿qué tiene que ver todo eso con los amuletos y talismanes? Pues todo eso tiene mucho que ver. Porque, como ya he dicho anteriormente, todas las culturas tuvieron sus propios amuletos y talismanes, adaptados a sus dioses. Y es una pena que muchos de ellos se hayan perdido en el camino por querer imponer otras normas sociales y religiosas. Nada podemos hacer ya por lo que pasó y por lo que se perdió. Pero sí deberíamos adquirir cada uno de nosotros un compromiso con nosotros mismos: no dejarnos imponer las ideas o creencias de los demás si no las creemos, pero tampoco debemos intentar convencerlos de las nuestras. Debemos partir siempre de una base: el respeto empieza en nosotros mismos y solo cuando nos respetemos podremos respetar a los demás. Quizá con un poco de esfuerzo consigamos que la raza humana sea un poquito mejor. ¿No os parece? No pretendo atacar, simplemente os invito a la reflexión, empezando por mí misma.

Y retomando el tema inicial, a continuación intentaré hacer una recopilación de algunos amuletos para la buena suerte y la prosperidad, que es el tema de este libro. Algunos son amuletos ancestrales y otros modernos, de distintas culturas y épocas, del reino animal, vegetal y mineral.

El amuleto es un objeto al que se le atribuye un poder sobrenatural, y dependiendo del amuleto de que se trate nos sirve para alcanzar objetivos o para protegernos.

AMULETOS DEL DINERO Y LA BUENA SUERTE

Todos los amuletos aquí expuestos tienen que ver con la prosperidad y el dinero, aunque algunos tienen más de un simbolismo.

A veces tenemos amuletos que los demás no consideran como tales, pero en nuestro código se trata de verdaderos amuletos porque cada vez que los llevamos nos traen suerte. Pueden ser cualquier objeto o incluso una persona. Cuántas veces hemos dicho o hemos oído decir: «Tú me traes suerte», ya que el ser humano aunque no está en la lista de amuletos populares puede funcionar como tal.

De los siguientes amuletos, algunos pertenecen a nuestra cultura, pero hay otros que vienen de otros países y costumbres.

Amatista. Antiguamente era conocida como la piedra benéfica porque atrae la buena suerte en todos los ámbitos de la vida: en el amor, la salud, los negocios. Es una piedra relajante y protectora de los borrachos y también de los que beben alcohol en cantidades abundantes, aunque solo esporádicamente. Si se tienen problemas con el alcohol es bueno tener algunas piedras grandes de amatista repartidas por toda la casa, que además son muy bonitas y decorativas. Cuando salgas de marcha y te pases con la bebida lleva una de estas piedras más pequeña en un bolsillo, pues te protegerá. Aunque la mejor solución en estos casos es controlar lo que se bebe. También la puedes tener en tu negocio para que te sirva de decoración y te traiga clientes.

Ámbar. Resina fosilizada, fácil de encontrar en tiendas de gemas o joyerías. Si la llevas engarzada en un anillo, collar o pendientes será un buen protector contra la mala suerte y te traerá dinero. Si pones un ámbar en la maceta de alguna planta que hayas elegido en la sección de hierbas y le pones alrededor unas hebras de azafrán, la cuidas, la riegas y la mimas, nunca faltará dinero en tu cartera.

Buda feliz. También es conocida con el nombre de PHA. Se le atribuye el poder de la buena suerte y es símbolo de la felicidad, la inocencia y la amabilidad. También neutraliza las malas energías, aportando energías frescas, alegres y de buena suerte.

Candado. Se puede llevar en colgante en oro o plata y es un amuleto de prosperidad: alarga la vida, la buena salud y la felicidad.

Circón. Gema transparente que puede ser de varios colores. Está asociado a la abundancia del dinero: aumenta las riquezas y es positiva para el trabajo y para todos los asuntos económicos. Se utilizó mucho en la Edad Media como amuleto. Cuando tengas una entrevista de trabajo lleva una encima. Si tu economía está en crisis rodéate de unas cuantas. Como su precio es asequible y se parece algo al diamante y al zafiro blanco, puedes engarzarlo en oro o plata y tener así una joya bonita y económica que da un resultado excelente a quien la lleve.

Colmillo. Actúa como un imán atrayendo energías positivas. Es un buen compañero para quienes practican juegos de azar, pues atrae a la abundancia. Pero para ello tiene que ser un colmillo curvo y nunca uno recto.

Cuerno rojo. Este símbolo antiguo de la buena suerte sirvió de amuleto para la agricultura. Propicia las buenas cosechas y sobre todo la abundancia del trigo, la harina y sus derivados. Si cosechas cosas positivas, el cuerno rojo te proporcionará una recogida abundante y no te faltará la prosperidad económica.

Diamante. Es uno de los amuletos más fuertes y positivos que existen. Se caracteriza por su buen augurio, y da fuerza, coraje y empuje a la voluntad de triunfar, y también intensidad en las acciones. Es asimismo un símbolo de tenacidad, por ser la piedra preciosa más dura y resistente. Si tu economía te lo permite, siempre debería haber en tu joyero una joya con esta piedra aunque sea pequeña. Si te la pones de vez en cuando, te atraerá muy buena fortuna.

Ekeko. Es una figura de cerámica, pintada de vivos colores, que encima de sus hombros lleva todos los deseos que quieras pedirle. Es el dios de Aimará, el dios de la buena fortuna y la abundancia. Estaría muy bien tener uno en casa.

Elefante. Para la buena suerte y la prosperidad, este amuleto, originario de la India, tiene que llevar la trompa hacia arriba. Es un amuleto muy fácil de encontrar y los hay muy bonitos. Decora tu casa con alguno de ellos y verás como la energía de este animal te traerá mucha prosperidad.

Endrino. Todo lo que pidas debajo de este arbusto se cumplirá. Un trocito de su madera en contacto con la piel neutraliza los malos augurios. Con su fruto se prepara una famosa bebida, el pacharán. Así que en épocas de vacas flacas, toma un chupito de este licor después de las comidas durante una temporada.

Escarabajo azul. Es un amuleto del antiguo Egipto que atrae la buena suerte en momentos de dificultad y es bueno cuando hay que hacer cambios. Existen unos pequeñitos que puedes llevar siempre encima. Poner los billetes de lotería (o de cualquier juego que acostumbres a jugar) debajo de un escarabajo azul te puede traer buena suerte. Puedes comprar uno más grande y ponerlo de adorno en tu hogar. Te compensará.

Ganesha. Es la figura de un dios hindú que tiene la cabeza de elefante. Te traerá buena suerte y fortuna. Si lo tienes en tu casa como objeto decorativo hazle ofrendas de flores frescas. Este dios es muy agradecido: si tú te acuerdas de él, él se acordará de ti.

Herradura. Es uno de los amuletos más conocidos y más atrayentes de la buena suerte. Pero las puntas tienen que estar hacia abajo. Es bueno colgarla detrás de la puerta o cerca de esta. Puedes llevarla en colgantes o pendientes. Tener una pequeñita en tu monedero, que esté en contacto con las monedas o los billetes, hará que estos no te falten. Es símbolo de fortuna y buena suerte.

Jacinto. Es una variedad del circón que ya hemos nombrado anteriormente. Es una piedra preciosa de color rojo amarillento, a la que se le atribuye el poder de aumentar la riqueza. Compra cinco, siete o nueve de estas bonitas piedras y ponlas dentro de un recipiente de cristal, que no sea muy grande, para decorar tu dormitorio. No las pongas cerca de la nariz sino lo más lejos posible. Rocíalas cada noche antes de acostarte con un poquito de agua de rosas (que puedes comprar en la farmacia o en perfumerías). Además de proporcionarte un suave aroma en la habitación, la frescura y las radiaciones de las piedras te traerán a través de las ondas del aire los cambios que esperas y la riqueza.

Lapislázuli. Símbolo de la riqueza y una de mis piedras favoritas. En el antiguo Egipto no podía faltar como amuleto para enriquecer a su dueño. Era y es la piedra del dinero por excelencia. Te traerá suerte en los juegos de azar. Llevarla encima de amuleto, engarzada, en un bolsillo, en el bolso o en el monedero, además de sanarte, te atraerá dinero. Hay collares de estas piedras que son realmente bellos.

Llave. Como se sabe, abre puertas y nuevos caminos, y nos ayuda a superar obstáculos. Encontrarse una llave es muy buen augurio, pero tiene que ser de metal, aunque no importa de cuál. Esta tradición viene de Latinoamérica. Hay quien colecciona llaves antiguas. Si tienes un candado y la llave que lo abre, debes hacer girar la llave una vez a la semana, pues te ayudará a que los obstáculos

TRÉBOL DE 4 HOJAS
SERPIENTE
DIAMANTE
CUERNO ROJO
COLMILLO
RUEDA
MONEDA
MARIQUITA
LLAVE
CANDADO
HERRADURA
ESCARABAJO AZUL
ELEFANTE

desaparezcan más rápido. Abre tu mente y tu corazón, y podrá entrar tu prosperidad.

Mano. Dependiendo de cómo estén colocados los dedos su poder es distinto. Con el puño cerrado hacia abajo y con el índice y el meñique estirados representa los cuernos del toro. En forma de colgante es un amuleto potente contra la mala suerte. Se suele llevar en collares o anillos.

Mano de Fátima. Proviene de Marruecos y es de origen islámico. Augura buena suerte cuando la piedra que lleva en la palma es de color verde o azul. También se lleva colgada del cuello.

Mariquita. Este animalito trae éxito y riqueza y es un amuleto conocido mundialmente. Cuando te encuentres con una, póntela en la palma de la mano, pide un deseo y luego sopla para que vuele, sin hacerle daño. También puedes tener una figurilla que adorne tu casa, pues hará el mismo efecto. Encontrar una mariquita también es señal de buen augurio en la tradición tibetana.

Moneda. Tiene que estar agujereada en su centro, ser de curso legal y que no lleve ninguna aleación de níquel. Da buena suerte y es ideal para los juegos de azar.

Pata de conejo. Siempre se ha caracterizado por dar buena suerte a quien la posee. Personalmente aconsejo no matar a ningún animal por esta causa: hay muchos amuletos en el mercado y no hace falta herir a ningún ser vivo por nuestras creencias.

Pelo de elefante. Da buena suerte y protege a quien lo lleva. No debes comprarlo sino que te lo han de regalar. Hay anillos y colgantes con pelo de la cola del elefante y los más potentes son los que están engarzados en oro y plata. Opino lo mismo que con la pata de conejo: el mercado tiene una gran variedad de amuletos, busca los que no perjudiquen. Gracias.

Pez. Es muy eficaz para el comienzo de negocios y empresas. Ha de ser de plata y con el cuerpo vertebrado y móvil. Ayuda a las acciones y el movimiento para que se lleven a cabo. Se suele llevar mucho en collares y llaveros. Puedes colgar uno en la caja registradora de tu negocio o llevarlo de amuleto cuando tengas que firmar un trato.

Ruda. Es una de las plantas de las brujas. Tener una planta en casa neutraliza y limpia las malas energías. Si se seca o enferma hay que sustituirla rápidamente. Llevar unas ramitas en el monedero o la cartera y en contacto con el dinero nos traerá muy buena suerte. En la Edad Media la utilizaban mucho para no contagiarse de la peste.

Rueda. Como colgante atraerá la buena suerte. Si la tenemos de adorno en casa es recomendable girarla cuando vienen malos tiempos para cambiar el camino de la suerte. Podemos llevarla de adorno colgada al cuello en oro o plata y se puede engarzar una piedra en el centro. La rueda también simboliza el mundo en el cual nos movemos y lo limitados que estamos. Hemos de evolucionar mucho para salir del *samsara*, que según el budismo es la rueda de la vida, en la cual nos debatimos día a día.

Serpiente. Engarzada en una pulsera de oro le aportará a quien la lleve una vida afortunada y llena de realizaciones positivas. También simboliza la sabiduría.

Trébol de cuatro hojas. ¿Quién no ha oído hablar del famoso trébol de cuatro hojas? Llevarlo engarzado en oro atraerá la buena suerte. Si lo regalamos se la traerá a esa persona y si lo encontramos en el campo quiere decir que la suerte se nos ha puesto de cara.

LOS CUERNOS DE LA ABUNDANCIA

Con los amuletos puedes preparar tus propios talismanes, como los cuernos de la abundancia y de la buena suerte. Si el billete te resulta pequeño o quieres hacer varios talismanes para regalar a tus amigos o familiares (lo cual es muy buena idea porque hay que ser generosos con los demás para que la vida sea generosa con nosotros), puedes hacer varias fotocopias ampliadas en color de un billete del mayor valor posible. Además podrás dibujar en él los signos que para ti signifiquen riqueza, fortuna, dinero, prosperidad, y no nos olvidemos de la protección, que siempre es importante.

Cuerno de la abundancia I

Material necesario

un billete de curso legal (fotocopia en grande y pegar en cartulina) • una herradura o llave y candado • un trébol de cuatro hojas o salvia • 8 granos de café • una ramita de canela • un lápiz

Preparación

Escribe con lápiz y en las cuatro esquinas del billete el símbolo del euro o la moneda de tu país. Luego haz con él un cucurucho en forma de cuerno y ponle un poquito de celo para que no se suelte. Introdúcele los granos de café, la ramita de canela, la herradura con las puntas hacia abajo y el trébol. Si no encuentras un trébol de cuatro hojas en el campo o en una tienda especializada, podrás dibujarlo con un rotulador verde en un trocito de cartulina amarilla. Una vez puestos todos los elementos dentro del cucurucho debes cerrarlo con cuidado. Si le tienes devoción a un santo, un dios, un ángel o una deidad, pónselo como ofrenda, y cámbiale los granos de café y la ramita de canela una vez al mes. Si preparaste tu cuerno de la abundancia el día 12, por ejemplo, el cambio tendrás que hacerlo el día 12 del mes siguiente. Verás como empiezan a cambiar las cosas y crece tu abundancia.

Cuerno de la abundancia 2

Material necesario

fotocopia de un billete de curso legal • aguja • hilo verde • ramas u hojas de endrino • 3 monedas agujereadas • una amatista pequeña • sal marina gorda • cinta de color verde

Preparación

En este caso haz la fotocopia del billete en una cartulina porque si no se romperá en el momento de colgarlo. Primero le dibujaremos los símbolos. Si los desconoces puedes escribir con lápiz las palabras *dinero*, *prosperidad*, *abundancia* u otras que signifiquen para ti riqueza en general.

Toma el billete y prepara el cucurucho como hemos hecho en el cuerno de la abundancia anterior. Enhebra la aguja con el hilo verde y cósele a los lados un par de tiras como si fueran dos asas y déjalo a un lado.

Ahora toma las monedas y a cada una pásale por el agujero un trozo de la cinta verde, que atarás con tres nudos. Luego por las tres cintas ya anudadas pasa otra que atarás con siete nudos, quedando las tres monedas enganchadas por una sola cinta. Cada vez que hagas un nudo debes decir en voz alta: «Que venga a mí la abundancia».

En total habrás hecho dieciséis nudos. La suma de sus dígitos nos da un total de siete, $1 + 6 = 7$, el número divino. Pon dentro del cucurucho las monedas y échale un poquito de sal marina por encima, solo unos granitos. Ahora rellénalo con una capa de ramas u hojas de endrino que tape las monedas. Y en el centro pon la amatista como si la depositaras encima de una almohada. Vuelve a poner unos granitos de sal marina por encima. Sin cerrarlo, tienes que colgar el cuerno por las asas en el recibidor de tu casa o en la entrada de tu negocio, lo más cerca posible de la puerta. Si tu casa o tu negocio tienen varias entradas, haz un cuerno de la abundancia para cada una de ellas, aunque no se utilicen. Los cuernos de la abundancia son muy eficaces y mágicos..., ya lo verás.

Cuerno de la abundancia 3

Material necesario

un billete de curso legal • un candado pequeño • la llave del candado • hojas de ruda • una nuez moscada • salvia seca

Preparación

Para preparar este cuerno de la abundancia puedes usar un billete real o una fotocopia en papel o en cartulina. De las tres opciones elige la que más te guste y prepara el cucurucho de la misma forma que ya se ha explicado anteriormente. El primer elemento que debes poner es la nuez moscada, que tapará el fondo del cucurucho. Encima pon las hojas de ruda. Luego introduce la llave dentro del candado y abriéndolo y cerrándolo diez veces debes repetir en voz alta:

Abro mis caminos.
Abro mi suerte.
Abro mi abundancia.
Abro mi prosperidad.

Una vez hecho esto deposita el candado con la llave encima de la ruda, tápalo con las hojas de salvia y cierra el cucurucho. Puedes ponerle un poco de celo para que no se salgan las hierbas y no quede muy arrugado. Coloca este cuerno de la abundancia en un lugar alto: encima de algún armario, del mueble del comedor o de alguna estantería. No importa dónde lo pongas, lo importante es que esté lo más alto posible y que no lo toque nadie. Transcurrido un año, cambia todos los elementos, incluido el billete, y prepara otro cuerno de la abundancia. Si lo hiciste con una fotocopia, quémala junto con las hierbas. Si es un billete auténtico, gástalo en algo de tu agrado. Entierra la nuez moscada en alguna maceta y dale alguna utilidad al candado y la llave; por ejemplo, para alguna maleta o alguna caja donde guardes el dinero. Cuando prepares los cuernos de la abundancia, ponte música relajante, enciende incienso y quema velas verdes.

TALISMANES

Hay distintas interpretaciones sobre los talismanes y en la mayoría de los casos llegan a confundirse con los amuletos. Como ya hemos dicho, los amuletos son de origen animal, mineral o vegetal, mientras que el talismán es algo laborioso que creamos (por ejemplo, sellos grabados con signos cabalísticos u objetos con simbologías místicas o astrológicas). Se dice que los inventaron los egipcios, pero todas las culturas han tenido sus propios códigos en amuletos y talismanes, y hay una rica simbología a nivel mundial y arquetípica. En las culturas más antiguas, donde todavía no existía la escritura, la información ha ido pasando de boca en boca y luego se ha recogido en escrituras sagradas. En los tiempos más modernos hasta llegar a nuestros días también se han ido creando algunos talismanes.

Siguiendo la mecánica de mis libros, prepararemos *sachets* (saquitos), que son los talismanes más fáciles de hacer y cuya variedad es casi ilimitada.

Antes de iniciar una sesión nos prepararemos nosotros. Es importante que el ejecutante esté concienciado de lo que va a hacer y por eso su cuerpo y su mente tienen que estar en armonía. Algunos consejos prácticos te pueden ayudar a realizar los talismanes y, cómo no, a sacar provecho de su poder.

Para hacer los talismanes seguiremos un orden. Si lo respetas y lo sigues difícilmente te fallarán. Podemos prepararlos para nosotros o para regalar, y en la misma sesión se pueden hacer varios.

1. Definir el día que vamos a hacer el talismán.
2. Elaborar la lista de todos los elementos que tenemos que comprar o buscar. Luego ir tachando según los vayamos obteniendo. De esta manera nos aseguraremos de que en la sesión no nos va a faltar nada. La energía ya está en marcha y ya está colaborando con nosotros en el proceso. Dejar las compras directamente en la habitación donde realizaremos los talismanes.
3. El día que vamos a preparar los talismanes, comer ligero y no tomar bebidas excitantes como café, Coca-Cola... Para los fumadores sería conveniente dejarlo, al menos durante ese día. El tabaco obstruye nuestros cuerpos energéticos y cuando trabajamos con energías nos perjudica en nuestra labor, además de perjudicarnos en la salud y el bolsillo. Si os sirve de algo mi experiencia, os diré que soy exfumadora y ya llevo algunos años. Igual que vosotros pensaba que nunca podría dejarlo y fumaba más de un paquete diario. Si yo, que estaba muy enganchada, lo he conseguido, vosotros también podréis hacerlo. Os animo a ello. Veréis qué cambio, es espectacular. Si el día de la sesión estáis muy ansiosos por la falta de nicotina, podéis fumar, pero en menor cantidad. Si estáis demasiado nerviosos tampoco funcionaría, así que hay que conseguir un equilibrio.

4. Antes de la realización debéis tomar un buen baño: el pelo, las uñas y el cuerpo tienen que estar bien limpios. En el último aclarado debéis mezclar en el agua un puñado de sal marina y un chorro de vinagre de manzana, y dejarlo caer por la cabeza hasta los pies visualizando una lluvia que os purifica y os limpia.
5. La ropa tiene que ser ligera y de colores luminosos, nunca negros, grises, marrones u oscuros. El mejor color es el blanco, pero si no es posible debéis elegir colores claros. Es muy importante que las mangas no os molesten en los movimientos. Lo ideal es que sean cortas. Así evitaréis que se quemen con la llama de las velas o el incienso.
6. La habitación tiene que estar bien limpia de polvo y suciedad. Podéis poner música adecuada: la mejor es la que reproduce los sonidos de la naturaleza (agua, pájaros, viento...). Pero si os molesta, no pongáis ninguna. Lo importante es que en todo momento estéis a gusto con lo que tenéis y con lo que hacéis. Pasar una barrita de incienso natural por toda la habitación antes de empezar. Ayudará en su limpieza etérica.
7. Colocar el altar (una mesa con un tapete de tela de un solo color que no sea oscuro) según los cuatro puntos cardinales. Si no tenéis una brújula, hay que marcarlos en un orden que seguiréis siempre. Podéis dibujar con un rotulador en una cartulina la inicial de cada uno (N, S, E, O). El norte tiene que quedar enfrente de vosotros, el sur en línea recta debajo del

norte, el oeste en el lado izquierdo y el este en el lado derecho.

8. Después de colocar las cuatro direcciones, situaremos los cuatro elementos. En el norte colocaremos el elemento tierra, y para ello pondremos un bol o plato con sal o tierra del campo, y también nos puede servir una piedra que no sea muy pequeña. En el sur tendremos el elemento fuego, que simbolizaremos con una vela: puede ser una vela votiva o una de color rojo. En el este pondremos el elemento aire, y para ello encenderemos un incienso (en barra, cono o en polvo encima de un carboncillo). En el oeste colocaremos el elemento agua, que estará como ya hemos dicho en el lado izquierdo, y para ello nos servirá una copa de agua mineral, de manantial o de lluvia. Una vez colocados todos estos elementos, dejaremos el centro de la mesa libre para poder manipular los otros objetos. De este modo los cuatro elementos y los cuatro puntos cardinales quedarán dispuestos alrededor del espacio que necesitamos para trabajar.
9. Encima de la mesa colocaremos en montoncitos todos los elementos que hemos comprado: las bolsitas, las plantas, los cordeles..., dispuestos para consagrar.
10. Tomaremos la bolsita e iremos colocando dentro cada elemento. Mientras hacemos esto, nuestra mente tiene que estar visualizando una lluvia de monedas o de billetes, que el negocio está lleno de gente, que conseguimos el trabajo o que nos conceden el crédito. Cada

uno visualiza aquello que quiere conseguir y que espera que le suceda.

11. Una vez llena la bolsita, la ataremos con el cordel que le corresponde, que será del mismo color que la bolsa, y las colocaremos a un lado hasta tenerlas todas,
12. Luego, de una en una pasaremos a la consagración. Se trata de pasar cada sachet por los cuatro elementos como ya he explicado en otros libros y en otros apartados. Mientras lo hacemos diremos en voz alta:

Yo te consagro por tierra,
para que se materialice mi deseo.

Y dejaremos que la bolsita toque la tierra, la sal o la piedra, lo que hayamos elegido.

Yo te consagro por fuego,
para que tu fuerza empuje mi deseo y se cumpla.

Y pasaremos la bolsita por encima del humo de la vela, con cuidado de no quemarnos.

Yo te consagro por aire,
para que vueles y reúnas las condiciones de mi petición.

Y pasaremos el sachet por el humo del incienso.

Yo te consagro por agua,
para que se ablanden los obstáculos,
se rompan los muros y me traigas la prosperidad.

Entonces introduciremos dos dedos dentro del agua y salpicaremos sobre la bolsita las gotas retenidas. Y terminamos diciendo:

Que así sea. Y así es.

A continuación dejaremos todos los sachets ya consagrados en el centro del altar y encenderemos nueve velas doradas alrededor de ellos. Daremos las gracias a los cuatro elementos antes de salir de la habitación y lo dejaremos así toda la noche. Por la mañana ya estarán listos y los podremos regalar, colgar o guardar.

A continuación tienes varios sachets para elegir y preparar.

ELEMENTOS PARA HACER LOS SACHETS

Estos sachets serán nuestros talismanes y haremos varias combinaciones para distintas peticiones. Nunca pondremos más de cinco elementos en su interior. Algunos sachets llevan un amuleto. Si no te es posible obtener alguno de los elementos o amuletos, puedes recurrir a las listas que he preparado y sustituirlo por otro. Te recuerdo que la magia es libre y siempre y cuando un elemento tenga coherencia con lo que estamos pidiendo (que esté dentro de la misma vibración energética) podrás cambiarlo si así lo deseas y hacer tus propias combinaciones. Busca aquellas que te den mejores resultados y ponlas en práctica.

Sachet para proyectos nuevos a corto plazo

Las bolsitas serán de color verde y las cintas para atarlas también. Las puedes preparar en martes.

Material necesario

algo de oro (anillo, pendiente...) • un buen puñado de hierbabuena fresca • un puñadito de semillas de sésamo • purpurina de color verde • 8 gotas de esencia de hierbabuena

Preparación

Coloca primero la hierbabuena y luego las semillas, el oro, la purpurina y por último la esencia. Cuelga el sachet en tu habitación. Te proporcionará un buen aroma y tendrás buenos resultados.

Sachet para proyectos nuevos a corto plazo

Las bolsitas serán de color verde y las cintas para atarlas también. Debes hacer los sachets en martes, igual que el anterior.

Material necesario

ramas de pino (bastantes para que la bolsita quede gordita) • un objeto dorado (no es necesario que sea de oro puro) • un pergamino • una cinta verde • un puñadito de tierra • 5 gotas de esencia de pino

Preparación

Coloca los elementos por este orden: las ramas de pino, el pergamino, el objeto dorado, la tierra y, por último, las cinco gotas de esencia de pino. En el pergamino explicamos nuestro proyecto y la fecha en la que más o menos queremos que se cumpla. Después lo enrollamos y lo atamos con la cinta verde. El puñadito de tierra es mejor que sea del mismo lugar donde encontramos las ramas de pino, pero también puede ser tierra del campo o de alguna maceta que tenga una planta hermosa. Cuelga el sachet en algún lugar donde corra el aire.

Sachet para proyectos nuevos a largo plazo

Es bueno empezar a hacer proyectos que llevaremos más tarde a la práctica. A veces las circunstancias no nos permiten que los podamos realizar inmediatamente, y para eso nos servirán estos sachets. Como se trata de un proyecto en gestación utilizaremos las bolsitas y las cintas de color plateado, que simboliza la Luna y, a su vez, la parte femenina, que es la que entra en estado de gestación. Y los haremos el lunes, que es el día de la semana que le corresponde.

Material necesario

colgante o cadena personal de plata • jabón neutro y rallado • cortezas de naranja o mandarina secas (bastantes para que la bolsita quede bien llena) • hierba de melisa • 10 gotas de esencia de mandarina

Preparación

Colocar los elementos por este orden: el colgante o cadena de plata, el jabón, las cortezas de naranja o mandarina, la melisa y las diez gotas de esencia. Guarda la bolsita donde tú quieras. Puedes dejarla entre tu ropa o colgarla en la barra del armario, porque desprenderá un olor muy agradable.

Sachet para proyectos nuevos a largo plazo

Las bolsitas serán de color plateado y las cintas para atarlas también.

Material necesario

sándalo en polvo o grano (todo lo que puedas para llenar la bolsa) • un cuarzo transparente • una foto o dibujo de la idea que quieres • cinta plateada • un trozo de imán (para que vaya acercando el proyecto al tiempo real)

Preparación

Coloca los elementos en el siguiente orden: el cuarzo, la foto o dibujo, el imán y el sándalo por encima. Enrolla la foto en espiral y átala con la cinta plateada. Si sobresale de la bolsa, puedes doblarla por la mitad.

Sachet para atraer el dinero

Las bolsitas serán de color amarillo y las cintas para atarlas también. Debes hacer los sachets en domingo, que es el día que pertenece al Sol.

Material necesario

5 espigas de trigo • una llave de hierro • una turmalina verde • 5 monedas de curso legal • menta seca

Preparación

Coloca los elementos en el siguiente orden: las espigas, la llave, la menta, la turmalina, más menta y, por último, las monedas. Lo mejor es usar una llave de hierro que te hayas encontrado, pero si no es posible puede servir cualquier llave que no se utilice y que no sea un colgante. Guarda el sachet debajo de tu colchón, y verás como te van entrando cantidades de dinero.

Sachet para atraer el dinero

Material necesario

un buen puñado de albahaca fresca • un búho de la buena suerte • un billete de curso legal • un tubito entero de purpurina dorada

Preparación

Coloca los elementos en el siguiente orden: la albahaca, el búho de la buena suerte, más albahaca, el billete doblado y la purpurina. Si no tienes un búho de la buena suerte, puedes utilizar otro amuleto de animal que tenga el mismo significado, como, por ejemplo, una ranita o una tortuga. Una vez cerrada la bolsita agita bien para que se mezclen todos los elementos y queden bañados por la purpurina. Luego ponla debajo de la almohada y duerme con ella todas las noches.

Sachet para atraer el dinero

Material necesario

un tronquito de canela partido por la mitad • una raíz de jengibre • 3 bolitas de nuez moscada • una cucharadita de moka de hebras de azafrán • unas ramitas de menta fresca

Preparación

Coloca los elementos en el siguiente orden: la menta, la nuez moscada, el jengibre, la canela y, por último, el azafrán. Este sachet, aparte de ser muy afrodisíaco, también te traerá buena suerte y dinerito.

Sachet para el amor (para atraer prosperidad en general)

Utiliza una bolsita de color rosa o rojo. La cinta ha de ser también de uno de los dos colores, indistintamente del que hayas elegido para el sachet. Hazlo en viernes, el día del planeta Venus, que rige los asuntos amorosos.

Material necesario

un cuarzo rosa • una rosa roja fresca • canela en polvo • un trocito de pergamino • 8 gotas de esencia de rosas

Preparación

Coloca el cuarzo dentro de la rosa y luego ponla dentro de la bolsita. Escribe en el trocito de pergamino lo que quieres (encontrar una pareja, mejorar la relación que ya tienes, etc.). Pon el pergamino abierto en las paredes interiores de la bolsita, de tal modo que la rosa siga quedando en el centro. Después espolvoréale la canela y añade las gotas de la esencia de rosas. Cuélgala en un lugar donde pases mucho tiempo (comedor, despacho, etc.). Podrás ir añadiendo otras gotas de esencia de rosas cuando vaya perdiendo su aroma con el tiempo.

Sachet para encontrar trabajo

Las bolsitas serán de color verde. Haz los sachets un miércoles, que es el día de Mercurio, un planeta que tiene buenos efluvios para el comercio y el trabajo.

Material necesario

1 m de cinta amarilla • 1 m de cinta verde • 1 m de cinta roja • 2 cucharaditas de café rasas de arroz blanco • 2 cucharaditas de café rasas de arroz integral • 2 cucharaditas de café rasas de soja verde en grano • una cucharadita de café de hebras de azafrán • trocitos de canela y vainilla en rama (hasta llenar la bolsita) • un bol de cristal

Preparación

Haz una trenza con las tres cintas, que servirá para atar la bolsita de color verde. En el bol de cristal pon el arroz blanco, la soja y el arroz integral, remuévelo con los dedos y ponlo todo dentro de la bolsita. Después le añades el azafrán. Corta a trocitos con los dedos la canela y la vainilla y los vas introduciendo en la bolsa. Después átala con la trenza. Puedes colgar la bolsita en tu coche, pero si no tienes un vehículo, puedes colgarla en tu dormitorio. Si tienes que ir a una entrevista de trabajo, lleva la bolsita dentro del bolso.

Sachet para un juicio, firma de papeles o algún asunto legal que necesite solución

Prepararemos la bolsita de color azul índigo y la cinta también. Hazlo en jueves, que es el día de Júpiter, planeta que favorece todos los asuntos legales.

Material necesario

un lapislázuli • salvia • cartulina azul • 3 hojas de laurel • 15 clavos de olor • hilo de color azul oscuro

Preparación

Primero escribe en un trozo de la cartulina el tema del juicio, las personas que se presentan en contra y el resultado final que esperas de este juicio, lo atas con el hilo azul y lo dejas a un lado. Luego ve llenando despacio la bolsita con la salvia mientras visualizas la sala del juzgado, los abogados, los jueces, los testigos que están a favor y en contra y cómo el veredicto final es a tu favor, hasta que la bolsita esté llena. A continuación toma de una en una las hojas de laurel. Les pones a cada una cinco clavos de olor y las enrollas. Las atas con el hilo para que no se caigan y las vas introduciendo de una en una dentro de la bolsita. Pon también la cartulina e introduce el lapislázuli, que además de atraer el dinero también sirve para la comunicación, y esta es la que vamos a potenciar, aunque sea escrita. Y finalmente, ata el sachet.

El día del juicio o firma de papeles en general lleva este talismán dentro de tu bolso. Cuando se haya cumplido el resultado, quema el laurel, los clavos de olor, la cartulina y la salvia. Con el lapislázuli puedes hacerte un bonito colgante, que te servirá para hacer otro talismán cuando lo necesites.

EL MUNDO MÁGICO DE LOS CRISTALES

En magia se utilizan muchos elementos: plantas, amuletos, esencias, talismanes, inciensos, velas..., y no pueden faltar los tan buscados y apreciados cristales (las gemas), cuyos poderes mágicos y sanadores no se han descubierto ni inventado en nuestros días, sino que son conocidos desde tiempos inmemoriales. Todos los cristales tienen un poder revelador designado por muchas civilizaciones antiguas que nunca estuvieron en contacto entre ellas y sin embargo coinciden unas con otras en sus poderes. Esta información se ha ido transmitiendo a lo largo de los siglos, primero oralmente y, más tarde, a través de la escritura, y ha perdurado hasta nuestros días.

Desde tiempos remotos, las culturas y civilizaciones anteriores a la nuestra utilizaban estos valiosísimos cristales. De algunos de ellos extraían un polvo para hacer sus preparados, que empleaban para curar, para protegerse de las enfermedades, para las picaduras de serpiente o los ataques de otros animales. También utilizaban los cristales para protegerse de la ira de sus dioses, para tener buenas cosechas, para implorar a las lluvias y acabar con las sequías o para suplicar que no hubiera inundaciones que acabaran con sus campos. Así pues, los cristales eran una parte muy importante en sus rituales mágicos.

Pero debieron de ser muchísimo más inteligentes que nosotros, porque lo que hoy la ciencia confirma a través de estudios y experimentos, nuestros ancestros ya lo sabían y lo utilizaban como medio de vida. No tenían laboratorios para experimentar y sin embargo curaban con hierbas y con cristales. Usaban los cristales como amuletos y fabricaban con ellos sus propios talismanes, inscribiéndoles en algunos casos signos cabalísticos, planetarios o místicos, que solo ellos o el brujo de la tribu sabían descifrar e interpretar.

Quien quiera ampliar la información que aquí he expuesto de forma abreviada puede encontrar en el mercado gran variedad de libros especializados sobre este tema. Todo lo que envuelve al maravilloso mundo de los cristales es fascinante y se presta como tema de estudio. Con ellos no solo podemos hacer magia o asignarles el poder de curar, sino que está demostrado a través de estudios y mediciones magnéticas que los cristales tienen su propia energía. No olvidemos que es un mineral extraído de la tierra y que ha necesitado miles de años para formarse, por lo cual la energía que lleva ha sido antes absorbida para poder ser después irradiada. Sin duda, los cristales tienen vida propia.

Podemos engarzar las gemas y exhibirlas como joyas mientras hacen su función. Si necesitamos de una determinada energía y sabemos qué cristal nos la proporciona podemos recurrir a él, pero no solo para llevarlo como adorno o utilizarlo como amuleto o talismán para hacer magia, también podemos hacer nuestro propio elixir, que es muy sencillo de preparar y nos puede ayudar mucho. Podemos darle varias utilidades: curar, proteger o hacer que su energía irradie hacia nosotros.

Aquellos que no saben cómo preparar ese elixir, que no se preocupen porque lo explicaré más adelante. Antes es necesario saber cómo se ha de efectuar su limpieza. Tanto si lo llevamos colgado o en un anillo como si lo utilizamos para curar o para preparar nuestro propio elixir, es conveniente saber limpiarlo porque los cristales absorben energías del exterior que a veces no son las que necesitamos y pueden bloquear su propio efecto. Al limpiarlos lo que hacemos es dejar que vuelvan a fluir sus energías. Si otras personas tocan y agarran nuestras gemas pueden empañarlas o transmitirles energías negativas. Hay que tener mucho cuidado con la energía de los demás, pues no todo el mundo tiene una energía positiva, ojo con eso. Nuestros cristales son nuestros y a menos que después les hagamos una buena limpieza es mejor que nadie los toque.

LIMPIEZA DE LOS CRISTALES

En mis anteriores libros ya he explicado cómo limpiar los cristales, pero ahora haré un resumen para aquellos lectores que aún no los conocen.

Para limpiar un único cristal nos servirá un vaso, pero si son varios hay que emplear un recipiente más grande que también sea de cristal transparente. Pondremos dentro un puñado de sal marina y luego iremos echando con cuidado el agua (preferentemente de manantial o de lluvia, pero también puede servir el agua mineral). Entonces iremos introduciendo las gemas, de una en una y también con cuidado. Después dejaremos el recipiente en una ventana o balcón, porque tiene que estar como mínimo veinticuatro horas a la intemperie, para beneficiarse de los rayos del sol y de los de la luna. Pasado este tiempo hay que sacarlas del recipiente y dejarlas a la intemperie para que se sequen. Si las necesitamos inmediatamente, podemos secarlas con un paño de algodón o un paño suave que no lleve nada sintético y esté completamente limpio.

Si tampoco tenemos tiempo para dejar las gemas en agua y sal durante veinticuatro horas para su limpieza, bastará con lavarlas bajo el grifo durante un buen rato y luego secarlas con un paño, tal y como ya hemos dicho. Pero de vez en cuando es conveniente hacer una limpieza en profundidad.

Recuerda que los cristales no debe tocarlos nadie.

Prepara unas bolsitas de tela para guardar las gemas, pero antes envuélvelas en un paño o en algodón directamente para que no se rayen unas con otras o para evitar que las energías de piedras diferentes choquen entre sí. Si practicas la sanación con ellas o haces muchos hechizos, recuerda que si no tienes tiempo de limpiarlas de una sesión a otra ponlas debajo del grifo durante un rato para que les caiga abundante agua. Pero jamás las utilices de un paciente a otro sin antes haber efectuado una limpieza.

Si ya están limpias pasamos a prepararnos el elixir.

PREPARADO DE ELIXIRES

Una vez localizadas las gemas que necesitamos, tomaremos un vaso o jarra de cristal y le pondremos agua de manantial o de algún riachuelo de montaña (si esto no es posible, como ya hemos dicho antes, el agua mineral también nos servirá y sacará del apuro). Luego llevaremos el vaso o la jarra a algún espacio abierto en el que le dé el sol y lo dejaremos en alguna superficie plana. A continuación depositaremos las gemas con mucho cuidado en su interior y dejaremos el recipiente allí durante toda la mañana. Es conveniente preparar este elixir con la primera luz del día y retirarlo cuando el sol se retire. Si no hace sol, se debe alargar un poco más el tiempo, pero es preferible que la mañana sea soleada. Alrededor de la jarra podemos poner unos cuatro o cinco cristales más con las puntas en dirección a la jarra. Pueden ser iguales que el cristal que está dentro o utilizar cuarzos transparentes limpiados previamente con el método ya explicado. Cuando no sabemos qué cristales utilizar o no tenemos tantos de la misma clase, el cuarzo transparente nos servirá, porque actúa de comodín y podemos pedirle que su energía nos sirva de catalizador para el fin que necesitamos.

Una vez pasado el tiempo tomaremos la jarra y nos aislaremos en algún sitio tranquilo para hacerle una imposición de manos (magnetismo). Mientras la sujetamos entre nuestras manos podemos visualizar los sonidos y colores de los cuatro elementos en dirección a la jarra.

Podemos elegir alguna música suave que ya los contenga para que nos sea más fácil la visualización. Para sellar la energía, seguiremos visualizando un halo de luz dorada que sale de nuestro tercer ojo, penetra en la jarra y llega hasta los cristales que hay en su interior. Después de dedicarle un tiempo prudencial y dejarlo reposar durante media hora, ya podremos tomar el elixir. Como máximo tres chupitos al día, siendo el primero en ayunas y por la mañana. Los resultados que obtendrás serán sorprendentes. Muchas enfermedades se pueden aliviar con este elixir.

LOS CRISTALES DE LA PROSPERIDAD

Amatista: piedra semipreciosa que pertenece a los cuarzos. Para los latinoamericanos es una piedra que atrae la buena fortuna. Te puede ayudar a encontrar trabajo y firmar contratos.
Buena para los signos: Sagitario, Capricornio y Aries. Los planetas que rigen a esta piedra son Marte, Júpiter, Plutón y Urano.

Ámbar: está considerado como un cristal, pero en realidad es una resina fósil que tiene más de cuarenta millones de años. El ámbar amarillo era utilizado por nuestros ancestros como amuleto de la buena suerte. Se le rendía culto y era un objeto de decoración. Los tibetanos le otorgan poderes místicos y sobrenaturales.

Bueno para los signos: Capricornio, Virgo y Leo. Los planetas que rigen son Saturno y Plutón.

Calcita: se puede confundir con el cuarzo. Los religiosos la tienen en muy alta estima y por ello las catedrales e iglesias están llenas de esta piedra. Purifica el ambiente y transmite estados de paz y armonía allá donde esté. Pero además es una piedra que atrae la buena suerte y la riqueza. Aunque tu fe sea otra, rodéate de calcita.
Buena para los signos: Acuario, Capricornio y Tauro.

Circón: ya hablamos de esta gema en la sección de amuletos. Se parece mucho al diamante y al zafiro y, como ya dijimos, atrae el dinero y es muy apta para todo tipo de negocios, ayuda a levantarlos y permite que las cosas vayan mejor. Si preparamos abundante elixir con esta gema, podremos ponerlo en el cubo de fregar y limpiar el suelo, pues en momentos de crisis puede hacer que mejore el negocio.
Bueno para los signos: Virgo, Escorpio, Cáncer y Géminis.

Citrino: es de color amarillo limón, aunque puede variar y llegar hasta el dorado rojizo. También se lo conoce como topacio del Brasil y pertenece a la familia de los cuarzos. Se utiliza mucho para hacer hechizos que atraigan el dinero. También recomendado para personas con depresión o que están atravesando momentos difíciles. Tres chupitos

diarios de su elixir pueden mejorar nuestro estado mental y además arreglarnos la economía.
Bueno para los signos: Cáncer, Géminis y Leo.

Diamante: también hablamos del diamante en la sección de amuletos. Símbolo de poderío y riqueza, sus vibraciones tienen el poder de alegrar el espíritu. Puedes combinarlo con el jade, el ámbar, la obsidiana y el jaspe, pero sobre todo, si puedes y aunque sea pequeño, pon un diamante en tu vida.
En general es bueno para los doce signos, pero en especial para los de Acuario, Sagitario, Leo y Escorpio. Los planetas que los rigen son Venus, Saturno y el Sol.

Esfalerita: gema que atrae el éxito y la fama. Está muy vinculada al éxito en los negocios, pues ayuda a tomar decisiones rápidas y acertadas. También es muy adecuada para personas a las que les interese mantener una buena imagen pública (escritores, pintores, actores, presentadores, modelos, etc.).
Buena para los signos: Géminis, Tauro, Aries, Cáncer y Virgo.

Esmeralda: en algunas leyendas se dice que es una gema maldita, pero no es cierto: su energía es muy positiva y, contrariamente, es un símbolo de abundancia. También es muy beneficiosa para los estudios en épocas de exámenes. Tener una esmeralda en las manos mientras se estudia nos ayuda a retener la información. En el ámbito laboral

es genial para elaborar y conseguir proyectos. Según los esotéricos, facilita la adivinación y la futurología. Puedes combinarla con el diamante.
Buena para los signos: Escorpio, Libra, Tauro y Piscis. Los planetas que rigen son Venus, Neptuno y Saturno.

Hematites: un buen amuleto para todos los conductores, porque desprende una energía clarificadora que ayuda a mantenerse despierto. Si tienes que hacer viajes de larga distancia o eres conductor profesional lleva siempre en tu vehículo una hematites. Te ayudará a mantenerte despejado, aunque nunca debes olvidar que si en la carretera te entra el sueño lo prudente es parar y dormir unas horas. La piedra es un soporte, no una solución. Esta piedra también se caracteriza por atraer la buena suerte en general. Llevar una encima te guiará hacia los sitios u objetos que debes frecuentar o tener. De igual modo que el imán atrae al hierro, la buena suerte te llegará a ti, ya que la hematites está compuesta de óxido de hierro y la buena suerte actuará de imán.
Buena para los signos: Escorpio, Sagitario, Acuario y Virgo.

Jade: compuesto de silicato de sodio y aluminio. Muy utilizado en Oriente y en especial en China. Como amuleto atrae la buena suerte en los negocios. Nuestros ancestros llevaban siempre uno encima o en sus barcos para beneficiarse de su energía y para que sus transacciones

fueran más rentables. También atrae la buena suerte en los juegos de azar.
Bueno para los signos: Géminis, Tauro, Aries, Sagitario y Escorpio.

Jaspe sanguíneo: tiene algunas variedades como el jaspe atigrado o el jaspe rojo. Los jaspes son rocas sedimentarias y silicosas de color rojo con vetas de color verde o pardo. Al igual que el jade, el jaspe sanguíneo es la gema de los vendedores y comerciantes, sobre todo aquellos que tienen que utilizar la palabra, pues los ayuda a tener una gran claridad y fluidez de ideas.
Bueno para los signos: Sagitario, Acuario y Piscis.

Lapislázuli: piedra de color azul fuerte, formada por silicato de aluminio, sodio, azufre e incrustaciones de pirita. Para los egipcios era la piedra de los dioses, la cual le permitía comunicarse con ellos, ya que esta gema tiene mucho que ver con la comunicación en todos sus campos y planos; por eso era utilizada para comunicarse con las divinidades. Para muchas otras culturas y civilizaciones también era un símbolo de poder y realeza. Posee una gran belleza y atrae la buena fortuna y la fama. Como ya dije en la sección de los amuletos, es la piedra del dinero y una de mis preferidas. Llevarla colgada en el cuello nos ayuda a despejar el chacra de la garganta, que tiene que ver con la comunicación y el espacio.

Bueno para los signos: Acuario, Sagitario y Tauro. Puedes combinarlo con la piedra lunar y con el diamante.

Marcasita: cristal sumamente frágil de color amarillo verdoso y compuesto de sulfuro natural de hierro, Está considerada la piedra del optimismo. Así que llevarla en tiempos difíciles nos puede ayudar a resolver algunos problemas. Cuando uno es optimista las cosas llegan más fácilmente y se ven antes las soluciones. La marcasita no nos traerá el dinero, pero sí las soluciones, que en la mayoría de los casos es lo que necesitamos.
Buena para los signos: Acuario y Piscis.

Obsidiana: piedra volcánica de color negro o verde oscuro, descubierta en Etiopía. Es por excelencia la piedra de la justicia, pero no solo de las leyes humanas, sino también de una justicia más elevada que está por encima de todo eso y a la que nadie escapa: la justicia divina. Cuando tengamos que resolver asuntos legales del tipo que sean (contratos de trabajo, juicios, créditos...) es recomendable llevar una encima y durante varios días ponerla cerca de nuestra cabecera. Nos ayudará a obtener las respuestas, a discernir entre la mentira y la verdad, y nos favorecerá en los juicios y contenciosos legales. También es un buen amuleto para los exploradores y aventureros.
Buena para los signos: Cáncer y Capricornio.

Ónix: de color negro con vetas blancas, es una variedad de ágata. Traerá la buena suerte a quien la lleve cuando emprenda viajes de negocios o a los estudiantes que se desplazan a otros países. También es beneficiosa para todo lo relacionado con empresas y negocios. Si el negocio está flojo, se deben colocar algunas por el establecimiento.
Bueno para los signos: Virgo, Géminis y Piscis.

Piedra lunar: está compuesta de un grupo de alumínicos de sodio y calcio. Es uno de los cristales que existen con más abundancia en el planeta. Se dice que la luz de la luna activa su energía, y de ahí su nombre. También es la piedra de las mujeres. Se puede incluir en gran variedad de hechizos, conjuros, sachets y talismanes. Es beneficiosa para los proyectos futuros que necesiten un tiempo prudencial de gestación, para los nacimientos de proyectos o de bebés. Podremos combinar la piedra lunar con colores blancos, plateados, pasteles o claros. Especialmente nos traerá suerte a las mujeres y a la esencia femenina.
Buena para los signos: Capricornio, Escorpio y Cáncer. Puedes combinarla con el lapislázuli y la obsidiana.

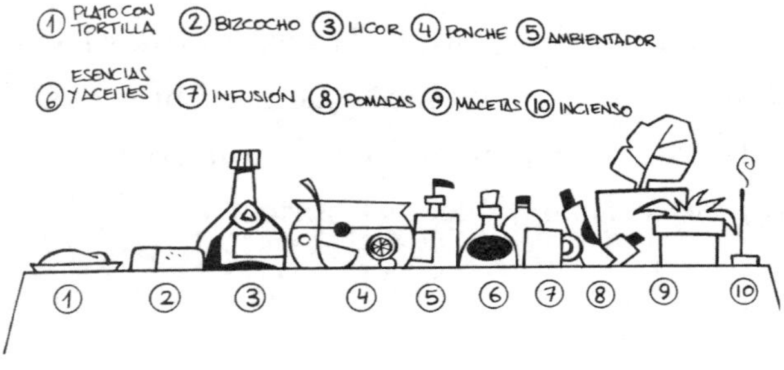

Hierbas y aceites

La magia de las hierbas

Este capítulo y el siguiente irán dedicados exclusivamente a las hierbas, que son tan importantes en magia y en nuestra vida cotidiana.

Recomiendo al lector leerse bien cada uno de estos apartados antes de comenzar a hacer sus hechizos, conjuros o sachets. Es importante tener claro cuáles son afines a nosotros y cuáles son más fáciles de encontrar.

Somos muy afortunados al contar con una información global que nuestros antepasados nos dejaron como herencia. Un legado que difícilmente podía perderse con el paso del tiempo, porque su reconocimiento colectivo coincide en todos los lugares de nuestro globo y en todos los tiempos por lejanos que estos sean. Una herencia que se ha transmitido a través de generaciones pasadas y se seguirá transmitiendo en las futuras. Se irán haciendo nuevos descubrimientos gracias a estos remedios tradicionales, usando nuestras tan queridísimas, apreciadas y necesarias hierbas, que son, no nos olvidemos, el ingrediente de nuestra farmacología.

En el pasado casi todas las enfermedades eran tratadas con ellas y eran el único remedio con el que contaban.

También sabemos el papel tan importante que han desempeñado en la mitología de todas las culturas. Todas o casi todas las ceremonias religiosas que celebraron nuestros antepasados de diversas culturas y a lo largo de miles de años coinciden en los efectos mágicos que producen las hierbas y en sus propiedades medicinales.

Por eso no podemos pasar por alto este capítulo, que nos va a ser de tanta utilidad en la elaboración de nuestros preparados mágicos. Todas las hierbas aquí tratadas tienen que ver con la prosperidad y el dinero. Con ellas podremos hacer miles de combinaciones en hechizos, conjuros y sachets. Además podremos hacer preparados para quemar cuando nuestra energía esté estancada en nuestra casa o negocio, preparados alimenticios y combinaciones que necesitamos ingerir en las épocas de economía escasa. También podremos elaborar aceites para nuestros rituales y baños, que limpiarán nuestra energía etérica más espesa, permitiendo que fluya la energía de la prosperidad. Podremos crear bonitos popurrís que además de adornar y perfumar nuestros hogares y negocios estarán colaborando para que la energía del dinero nos llegue sin dificultad y de una manera sutil. También podremos hacer las famosas bolsitas a las que llamamos sachets y a las que podemos darles varias utilidades pero siempre con el mismo fin: atraer hacia nosotros la energía del dinero. Así pues, podrás hacer tus propias combinaciones, y tantas como desees.

Precaución: Aunque expongo lo que puede curar cada hierba, siempre es recomendable consultar con un médico, farmacéutico o herbolario cómo debemos tomarlas.

LAS HIERBAS

Albahaca: proviene de la India y para los hinduistas es una planta sagrada, la segunda más importante después de la flor de loto. Desde hace muchos siglos se cultiva también en Europa. Espanta los mosquitos y nos alivia de dolores de cabeza, también nos despeja la mente y nos ayuda a tomar decisiones; si olemos sus hojas veremos el camino correcto que hay que tomar y nos da calma y serenidad.

En gastronomía: como otras plantas, es muy apreciada en la cocina, sobre todo en Italia, pues, como bien sabéis, la albahaca es uno de los ingredientes básicos de una de las especialidades italianas: la salsa pesto.

En medicina: es buena para aliviar resfriados y trastornos digestivos, y abre el apetito. Mantener fuera del alcance de las embarazadas, pero cerca de las mujeres que recientemente tuvieron un bebé porque favorece la lactancia.

En magia: asociada al dinero, a la buena suerte, al despertar de la conciencia, a la paz y a la felicidad. Llevar una ramita fresca o seca en el monedero junto a las monedas, además de darnos buen olor cada vez que lo abramos, nos proporcionará buenas cantidades de dinero y hará que no nos falte nunca. Poner en una jarra varias ramitas de albahaca fresca junto con varios cuarzos, como si quisiéramos preparar un elixir (ver anteriormente cómo se prepara el elixir) pero sin beberlo, nos servirá para que en nuestro negocio entren los clientes y la buena suerte. Podemos regar la entrada con esta agua, de la que antes habremos sacado los cuarzos, que guardaremos para la próxima ocasión. También podemos añadirla al cubo de fregar y sin agregarle ningún desinfectante ni jabón podemos fregar toda la entrada. Si preparamos cantidades más grandes podemos llenar varios vasos con esta agua y repartirlos por el local, aunque debemos cambiar el agua como mínimo una vez a la semana. Siempre deberíamos tener en nuestras cocinas una maceta de albahaca: nos traerá buena suerte y dinero.

Alfalfa: además de ser un buen alimento para el ganado, como veremos a continuación, también tiene otras cualidades mágicas. Cuando era pequeña era muy mala comiendo, igual que mis hermanos, y siempre hacíamos enfadar a mis padres. Cuando ya les habíamos llevado al límite de la desesperación, mi padre nos decía enfadado: «Comed alfalfa, como los caballos» (era y es el alimento de estos). Entonces nos hacía mucha gracia y rompíamos a reír. Mi padre nos lo decía enojado y dándose por vencido, pero en su ignorancia nos estaba recomendando algo de lo más sano. Ojalá entonces lo hubiéramos sabido. Aunque si mi madre nos la hubiera dado para comer en aquellos momentos, habría tenido que camuflarla muy bien con otros alimentos, porque nosotros lo habríamos interpretado como un castigo. Además quiero puntualizar que mi padre pasó mucha hambre en su juventud, porque nació el mismo año en que comenzó la Guerra Civil. Aguantó los cuatro años que esta duró y lo más difícil fueron los años siguientes, en los que se tuvo que reconstruir el país y a él le tocó, como a muchos otros, sufrir la escasez de recursos, y tuvo que luchar por la supervivencia a pesar de su corta edad. Por esa razón nunca soportó que no nos comiéramos la comida y mucho menos tirarla. Mis padres sabían que además otros muchos niños en otros lugares del planeta estaban y están pasando hambre y simplemente pretendían que nos sintiésemos orgullosos de lo que teníamos en el plato. ¡Y cuánta razón tenían! Pero en la infancia somos incapaces de entender, aunque ya se encarga la vida de mostrarnos los lados oscuros de la pobreza y demás.

Pero volvamos a la parte que nos interesa. No quisiera aburriros. Simplemente esta planta me transportó a mis años de la infancia.

Comer esta hierba nos rejuvenece, nos nutre la piel, nos cuida los dientes y es muy recomendable para el crecimiento del cabello, entre otras cualidades más.

En medicina: es muy buena contra la anemia, cuando se está convaleciente, para los trastornos premenstruales y menopáusicos, todo lo que tenga que ver con el sistema hormonal.

En magia: ayuda a que nuestros sueños se cumplan y activa nuestra fuerza de voluntad. En esta planta está concentrada la esencia de todos los bienes. En tiempos difíciles, varios manojos atados y repartidos por la casa serán de gran ayuda. Cuando tenemos un objetivo claro, tenerla fresca en casa para nuestros rituales, comerla (en tortilla está deliciosa) o poner esencia en un pebetero nos ayudará a que se cumplan nuestros proyectos o sueños.

Angélica: planta muy popular que proviene de Asia y del norte de Europa. Su nombre significa 'hierba angelical' y también se la conoce como hierba dulce. En la antigüedad se le dio un buen uso antes de que apareciera el azúcar y era considerada como una flor divina, porque curaba casi todas las dolencias infantiles. En esa época siempre había grandes ramos en las habitaciones de los niños para evitar posibles enfermedades como el asma, los cólicos y otras dolencias; además, servía para relajarlos y abrirles el apetito.

En gastronomía: es utilizada en repostería, para la elaboración de licores y conservas, y sus raíces se pueden consumir en ensaladas o como verduras.

En medicina: alcanza su mayor popularidad en el siglo XV, cuando se utiliza para combatir la peste, enfermedad que como es sabido se extendió como una plaga. La angélica se utilizaba también para aliviar trastornos urinarios, menstruales y estomacales, para la tos, la fiebre, los dolores reumáticos y la artritis.

En magia: desde los tiempos más remotos se utiliza para alejar los momentos de mala suerte. Cuando pensemos que no estamos en racha podemos decorar nuestra casa con algún ramo de esta planta, que además aleja los malos espíritus. En la Edad Media se decía que esta planta era tan milagrosa que cuando desaparecían los malos espíritus aparecían ángeles. Con la angélica puedes hacer un preparado en alcohol o en aceite de almendras. Una vez macerado como mínimo tres meses a sol y sombra, puedes aplicártelo en las muñecas y los tobillos cuando tengas una entrevista de trabajo, un juicio o algún evento en el que tengas que salir victorioso. Te traerá buena suerte.

Precaución: Cuando se recolecta para comer se necesita la ayuda de un experto, pues se puede confundir con una planta venenosa. No deben consumirla ni usar su aceite las embarazadas ni los diabéticos. Puede irritar la piel y es mejor hacerse una prueba antes de tener algún contacto con ella.

Árnica: esta hierba europea también es llamada flor del tabaco, porque antiguamente se fumaban sus hojas y raíces, y estornudadera, porque su olor es tan fuerte que provoca el estornudo.

En medicina: tiene varias aplicaciones. Para mejorar la circulación sanguínea, derrames internos, embolias, parálisis, trombosis, torceduras, golpes, sabañones y magulladuras. Pero siempre se debe aplicar sin que haya ninguna herida abierta. Si ponemos unas gotitas de árnica en un pebetero nos ayudará a concentrarnos en los estudios o en la meditación.

En magia: fue utilizada para dar buena suerte y para proteger a los guerreros en las batallas. Hoy día somos guerreros a otros niveles y también nos toca debatirnos en las cuestiones diarias. Así que para cambiar las cosas podemos utilizar su aceite o hacer adornos florales que, además de ser bellos, nos traerán buena suerte.

Precaución: No ingerir sin prescripción médica, pues según la dosis puede ser tóxica. En algunos países está restringida por la ley.

Aspérula o asperilla: muy conocida y utilizada en la Edad Media. En las estancias con excesiva humedad o cerradas se hacía un alfombrado de esta flor en el suelo para combatir el olor. En esa época esta planta era muy popular por sus distintos usos. Con sus hojas se preparaba una cataplasma y se aplicaba en magulladuras y cortes. También se preparaban infusiones para los problemas de estómago o hígado. En nuestros días es uno de los condimentos del famoso vino de mayo, la bebida tradicional del 1 de mayo. En Francia se prepara la bebida Maitrank, que se hace con la hierba seca y puesta en remojo con vino blanco (en Alemania también se prepara de la misma forma) y se añade igualmente a ponches. Es amarga pero de aroma dulzón y es muy empleada en perfumería y en productos farmacéuticos.

En medicina: se prepara en infusión para trastornos hepáticos, para problemas circulatorios y para la ictericia.

En magia: su poder mágico sirve para purificar y para aumentar el éxito. Podemos utilizarla para lograr el éxito de nuestra empresa y negocio, y siempre que tengamos que firmar algo importante. Haremos preparados en bolsitas, que son muy aromáticas, y las colgaremos en distintos lugares de nuestro negocio. Hacer un ambientador ayudará a que funcione nuestra empresa y que aumente el éxito. Si las cosas están muy mal en el negocio podemos preparar otro sachet; en él combinaremos la aspérula con distintas plantas aromáticas de olor poco fuerte, y podemos colocarlo debajo de la almohada cuando nos vayamos a descansar. En poco tiempo veremos los buenos resultados.

Precaución: Si no hay un control en las dosis puede ser tóxica y perjudicial para el hígado.

Azafrán: esta planta ya fue tratada en mi anterior y sexto libro, *Magia erótica*, por ser también un afrodisíaco excelente.

Planta originaria de las tierras de Oriente, hoy día se cultiva por muchos lugares de nuestro planeta, como Francia, Italia, Turquía, Irán, Cachemira y Marruecos. España es uno de los mayores productores y aquí tenemos el azafrán de más alta calidad, que se cultiva en La Mancha.

Se ha utilizado como afrodisíaco en muchas culturas, como la griega, la fenicia y la árabe. Fue de gran consumo y muy apreciado en la Edad Media, hasta tal punto que se llevó a la hoguera a personas por haberlo adulterado.

Los romanos y los griegos lo empleaban en los cultos en honor a sus dioses para obtener riquezas. Quemaban esta planta junto con la mirra, el incienso y otras plantas de difícil acceso por su elevado coste y que solo podían obtener algunos privilegiados. Se elaboraban ricas tartas o panes que también ofrecían a los dioses.

En gastronomía: en la actualidad se utiliza en muchas cocinas nacionales en platos como nuestra famosa y rica paella, en el exquisito *risotto* de los italianos, en la *bouillabaisse* de los franceses o en una gran variedad de salsas de la India, y también es utilizado en ricos pasteles y licores. No podemos olvidar que es el color de las túnicas de los budistas y que usan esta especia para hacer ofrendas a sus deidades. También las diosas y los dioses griegos llevaban sus túnicas teñidas de color azafrán.

En medicina: tiene distintas propiedades terapéuticas: ayuda en la digestión, estimula la sudoración, ayuda a reducir la tensión arterial y las flatulencias. Los chinos la utilizan para tratar las depresiones y los problemas menstruales.

En magia: estimula la conciencia mental, la energía mágica, la energía física y la energía del dinero. Es un antiguo símbolo del sol y siempre ha estado relacionado con el oro, quizá por ser la especia más cara del mercado, que, nunca mejor dicho, vale su peso en oro. Si tenemos fe en alguna deidad, en algún santo o algo que sea de nuestra devoción, no olvidemos hacerle ofrendas de azafrán en hebras (no sucedáneos) porque a cambio nos atraerá dinero. Podemos preparar alguna bolsita pequeñita llena de estas hebras y llevarla en nuestro portamonedas o billetero. Pronto notaremos los resultados: nuestro dinero irá en aumento.

Precaución: En cantidades elevadas puede ser abortivo.

Bardana: su nombre popular es hierba de los tiñosos. Esta planta es muy conocida. Cuando paseamos alegremente por la montaña, las pequeñas y espinosas flores de la bardana se enganchan en nuestros pantalones o calcetines. Pueden ser a veces un poco molestas, pero tienen otras cualidades muy privilegiadas. Así que cuando pasees por el campo, aunque la bardana te llegue a molestar, trátala con respeto y ella te compensará generosamente. Crece por doquier, así que es fácil encontrarla.

En medicina: es utilizada en general para trastornos de la piel como el acné, eccemas y forúnculos, úlceras varicosas y psoriasis, y normaliza el porcentaje del azúcar en la sangre (y así refuerza su acción contra el acné). También es depurativa por su acción estimulante sobre la producción de la bilis, teniendo un efecto diurético y laxante.

En magia: si paseas por el campo y te la encuentras, primero le pides permiso y luego la cortas con mucho cuidado de no pincharte. Cierras los ojos y mentalmente pides un deseo. Luego la lanzas al aire para que mentalmente llegue a donde no podemos llegar físicamente, y a través de ese lanzamiento lo que hace es fijar y anclar nuestro deseo en las alturas. La bardana no es específica para los temas económicos sino que sirve para cualquier deseo. Recordemos que en la prosperidad entra todo, porque es todo lo que nos rodea física y mentalmente. Por esta razón he querido incluir la bardana en las plantas de la buena suerte.

Bergamota: se dice que Cristóbal Colón introdujo este árbol en el norte de Italia, exactamente en la ciudad de Bérgamo, y de ahí el nombre de su fruto: bergamota. Allí fue utilizado por primera vez como condimento para la cocina. Es como una naranja pequeña y amarillenta, que no se puede comer por ser demasiado amarga, pero el aceite que se extrae es muy utilizado y con mucho éxito en aromaterapia.

Este aceite solo es de uso externo porque su uso interno es tóxico y peligroso, aunque en pequeñas dosis se utiliza en pastelería, en repostería y en algunos licores. Si ponemos unas gotitas de este aceite en un pebetero nos ayudará a despejar las vías respiratorias; desbloqueará también nuestra nuca, garganta y cervicales, y además aliviará los dolores de cabeza. Diluido en agua nos ayuda en los trastornos cutáneos y tiene excelentes resultados con el acné. Su aroma beneficia a los artistas, ayudándolos a inspirarse.

En magia: es un enorme potenciador de los negocios y ayuda a crecer la economía. Para negocios que dependen de una clientela, poner en un pebetero (o dos si el establecimiento es muy grande) unas gotas de su aceite hará que su agradable aroma cítrico nos atraiga clientes. Esta esencia no solo nos atrae bienes materiales sino también bienes espirituales.

Brezo: el brezo es un arbusto muy frondoso y su aspecto es de prosperidad y de abundancia. Sus flores, que tienen forma de campanillas puntiagudas de color violeta o rosado, son muy bonitas de ver. Su olor es un tanto picante y fuerte, así que es conveniente olerlas a una distancia prudencial para que no nos moleste y podamos apreciar su aroma. El aroma del perfume o esencia de brezo es iniciático, despeja la mente y da claridad a quien tiene dudas. La esencia de brezo se mantiene encendida día y noche en los templos orientales.

En medicina: es un buen expectorante y ayuda a estornudar, contribuyendo así a limpiar las vías respiratorias. Unas friegas suaves con aceite de brezo rebajado con aceite de almendras o de oliva serán muy útiles para combatir las varices, los sabañones, la artritis y el reumatismo.

En magia: en la antigüedad había poca constancia de los poderes mágicos de este arbusto, los cuales se han ido descubriendo en los últimos siglos. Es muy útil para fundar o crear nuevos proyectos, negocios y todo lo que tenga que ver con lo laboral.

Quemar incienso o esencia de brezo mientras estemos creando un nuevo proyecto hará que lo visualicemos mejor. Su combustión nos hará reflexionar y encontrar el camino correcto para llegar al éxito en nuestro negocio o trabajo.

Canela: existen más o menos unas doscientas variedades de este árbol y arbusto que crecen y se cultivan en lugares como el Tíbet, Vietnam, Seychelles, islas del océano Pacífico, India occidental, Indonesia, Sri Lanka, Myanmar (Birmania) y América Central. Es muy utilizada en perfumería y cosmética.

En gastronomía: como es bien sabido, la canela se usa mucho en la cocina, en la repostería y en la elaboración de bebidas y licores. Está presente en platos de carne y pescado, salsas, muchas comidas exóticas, panes, galletas, helados, infusiones, ponches, licores y bebidas calientes. Además es uno de los ingredientes de la Coca-Cola.

En medicina: nos ayuda a tratar resfriados y a aliviar el reumatismo y la artritis. Estimula la circulación, mejora la digestión y baja la fiebre. Además desinflama las encías y nos evita los gases, las náuseas y los mareos de los viajeros.

En magia: estimula la energía física y la conciencia psíquica. Es perfecta para la prosperidad, y si quieres que esta no te falte, ata tres ramitas de canela con una cinta de color amarillo o verde. Puedes preparar varios hatillos de canela y repartirlos por la casa, el negocio, el despacho, el coche... Además de conseguir un aroma muy agradable no te faltará la prosperidad. Y si queremos rizar el rizo, podemos invocar su gran poder afrodisíaco y colocar algún hatillo en el dormitorio para conquistar a nuestra pareja. Suerte con su doble acción.

En mi libro *Magia erótica* he utilizado esta planta para preparar algún cóctel afrodisíaco y algún hechizo para potenciar la sexualidad, pues vuelvo a recordar que la canela es muy afrodisíaca. Aunque si mal no recuerdo la he usado en mis seis libros anteriores. Como veis, la canela es muy importante para la magia y se emplea para varios hechizos y con distintos resultados.

Precaución: En caso de embarazo, reducir o evitar el consumo.

Diente de león: es una planta muy extendida, y distintas culturas de Oriente Medio, Asia y Europa, tan dispares entre sí, comparten sus tratamientos y gustos culinarios. En primavera los campos están a rebosar de esta planta de color amarillo intenso y vistos a cierta distancia parecen un bellísimo alfombrado natural.

En gastronomía: las hojas frescas se pueden comer hervidas o en ensaladas como las acelgas o las espinacas. Las flores y las hojas se utilizan para hacer vino y cerveza que tonifican. Las raíces bien picadas se usan para hacer una bebida parecida al café, llamada «café de los pobres». Así que se puede aprovechar casi toda la planta.

En medicina: se utiliza como laxante y diurético, estimula la secreción de los órganos de la digestión y ayuda en trastornos digestivos; también se emplea para el dolor de las articulaciones y algunos problemas de piel y renales.

En magia: sus semillas son como pelillos finos. Si paseas por el campo, pide permiso y corta una, pídele un deseo y luego puedes soplarla. Cuando está en flor puedes prepararte hechizos para atraer el dinero y la prosperidad. Prepara bolsitas que estén llenas de esta flor y luego ponlas cerca de la caja registradora. Si no tienes un negocio puedes llevar una bolsita en el bolso o cerca de los documentos de trabajo, contratos, ordenadores..., lo más cercano al tema laboral o de ingresos.

Eneldo: es de la misma familia que el perejil, e igual que con este, su empleo culinario puede ser múltiple.

En gastronomía: como ingrediente es utilizado en platos de pescado, sopas, carne a la plancha, ensaladas o para hacer conserva. Podemos ser creativos y preparar con imaginación platos exquisitos. Sus hojas son ricas en hierro, magnesio, vitamina C y calcio.

En medicina: antiguamente se empleaba para combatir el hipo y los cólicos infantiles. En nuestros días se sigue usando para ayudar en las indigestiones, cólicos, flatulencias, mal aliento (masticado como el perejil), etc.

En magia: purifica, despierta la conciencia mental y equilibra la economía. Se utilizaba y se utiliza aún para hacer pócimas amorosas, pues es muy afrodisíaco. Los romanos lo usaban contra la brujería. Hoy también se emplea para este fin y, junto con otras plantas, para hacer limpiezas en el hogar o en los negocios. Limpia la magia negativa y las malas energías que quedan impregnadas con el paso del tiempo. Aleja también las dudas y los temores, abriéndonos nuevos caminos. Si hacemos bolsitas y las llevamos cerca de la cartera o del monedero, nunca nos faltará el dinero ni la comida, porque en los momentos difíciles y cuando parezca que ya no tenemos recursos, que ya no sabemos dónde buscar ni a quién recurrir, como por arte de magia, esta hierba maravillosa, el eneldo, hará su cometido y algo o alguien aparecerá para ayudarnos o encontraremos la solución a lo que antes parecía imposible. Puedo dar fe de ello, porque he vivido experiencias increíbles con esta planta. Equilibra la economía y por ello es importante tenerla cerca de nosotros.

Fumaria: antiguamente y en otras culturas se dejaban secar las hojas y se fumaban. También se dice que los gnomos y los duendes salían de sus escondites o casas e iban a los campos de cereales, que es donde suele crecer esta planta, para recolectar toda la que podían, la dejaban secar y se la fumaban en sus mágicas pipas. Una leyenda hermosa... Si sales a buscarla a los campos de cereales, no olvides llevar alguna ofrenda e intercambiarla con estos seres mágicos. Ellos te lo agradecerán y te lo devolverán multiplicado.

En medicina: desde la antigüedad los griegos la utilizaban para las obstrucciones del hígado y las afecciones hepáticas en general. La medicina moderna le da nuevas y eficaces aplicaciones. La recomienda para la ictericia, los trastornos de la vesícula, los cálculos biliares, los problemas de digestión, las migrañas, las jaquecas, el cansancio y la falta de apetito. Además es laxante, diurética y antiinflamatoria, y se utiliza para eccemas y dermatitis.

Precaución: En dosis altas puede causar problemas con la respiración, diarreas y somnolencia.

En magia: era utilizada para practicar exorcismos. El humo que desprende esta planta al quemarla sirve para ahuyentar espíritus malignos. Para limpiar el hogar hay que pasar el humo por toda la casa, de dentro hacia fuera. Y como ya he dicho, se asocia a los gnomos y los duendes, y estos seres son portadores de riqueza espiritual y material. Nos aporta fortuna en todos los ámbitos. Si tienes algún gnomo o duende de yeso en tu jardín o terraza, no bastará tenerlos solo de adorno, debes hacerles ofrendas de cosas que a ti te gusten. Una buena ofrenda podría ser ponerle en un cuenquito la planta de fumaria. Quizá se la fume cuando tú no lo veas. Pero tanto si se la fuma como si no, lo cierto es que te ayudará a aumentar tus riquezas. ¡Vale la pena probarlo! Si no tienes la hierba de fumaria puedes ofrecerle galletas integrales, azafrán, frutos secos, flores con hermosos coloridos, perfumes...

Hamamelis: es originaria de América del Norte y ya los indígenas la utilizaban para los baños oculares. Hacían una pasta y la aplicaban sobre hojas grandes que colocaban en forma de emplaste para tumores e inflamaciones dolorosas. Era la planta medicinal por excelencia. Como vemos en muchas de estas plantas, por no decir en casi todas, en épocas remotas ya existían sabios que conocían a la perfección la fitoterapia sin tener los avances que hoy día tenemos. Esto nos demuestra una vez más que no inventamos nada, sino que rescatamos los conocimientos antiguos y los investigamos con nuestros actuales métodos. Nos damos cuenta de que la sabiduría popular y colectiva ya existía sin necesidad de los avances tecnológicos.

Qué inteligentes eran nuestros antepasados y, sin embargo, seguimos tachándolos de ignorantes. Quizá lo eran en algunas cuestiones, pero en otras seguirían dándonos lecciones de sabiduría a través de la intuición (o sabe Dios qué conexión llegaban a tener que el hombre y la mujer modernos han perdido). Esto sería materia para reflexionar largo y tendido.

En medicina: gracias a estos avances, que son todo un éxito, hemos podido investigar lo que ya se sabía y comprobar que cada planta puede tener múltiples aplicaciones. El hamamelis, por ejemplo, se utiliza en tratamientos de trastornos circulatorios, varices, piernas cansadas, hemorroides, menstruaciones demasiado abundantes, esguinces, contusiones, quemaduras, dolores musculares u hemorragias nasales. Se hacen colirios, tónicos para la piel, una variedad de pomadas y por vía oral se ingiere para las hemorragias internas, las diarreas, las colitis, etc.

Precaución: Para utilizarla como medicina, consultar al médico o farmacéutico.

En magia: antiguamente a esta planta se la llamaba «avellano de bruja» y se le otorgaba poderes mágicos. Sus varillas se utilizaban en la adivinación y las usaban los zahoríes, expertos en la búsqueda subterránea de agua y metales preciosos. El hamamelis está relacionado con la fumaria, porque también es una tradicional planta de gnomos, duendes y hadas, y sirve para combatir a las hadas negativas y las energías oscuras, para romper con esos períodos de mala suerte que parecen ser interminables, para quitar el mal de ojo y otras negatividades que nos hayan proyectado. Así que, una vez limpio todo lo negativo, llegará a nuestra vida un período de tranquilidad, bienestar y prosperidad. Tener unas ramitas de esta flor de color amarillo intenso puede ser muy beneficioso y nos irradiará parte de esa mágica energía que transmite el maravilloso mundo de las hadas.

Hierbabuena: se la conoce popularmente como menta y existe una gran variedad, en magia podemos usar cualquiera de ellas. En la tradición popular es la hierba de la sabiduría.

En gastronomía: ya desde la antigüedad ha sido una planta muy reconocida y utilizada en los placeres culinarios. Se usa en platos de carne, ensaladas (les da un sabor muy refrescante), sopas (añadirles unas hojitas de menta fresca o seca una vez hechas les da un sabor diferente y delicioso), postres, jaleas, bebidas y cócteles. En mi libro anterior, *Magia erótica*, la recomiendo en dos cócteles afrodisíacos para ocasiones muy especiales: en «ardiente pasión al jengibre» y en «dulce frenesí». También se utiliza en los famosos chicles que tanto gustan, caramelos, confituras, tónicos bucales y pastas de dientes. Su doble acción estimulante nos servirá para refrescar o para entrar en calor.

En medicina: nos puede ayudar en todos los problemas digestivos y consigue bajar la fiebre.

En magia: tradicionalmente se dice que los billetes volverán a nosotros si antes de usarlos los frotamos con hojas de menta fresca. Es otra planta de prosperidad y la podemos utilizar en un sinfín de hechizos. Ungir con esencia de menta las velas, además de proporcionarnos un aroma agradable, hará que no nos falte el dinero. Unas gotitas de este aceite en un baño antes de una entrevista de trabajo o cuando haya un contrato que firmar también harán que tengamos buenos resultados. Ungir una o dos gotas de esta esencia en nuestras manos antes de ingresar dinero en una cuenta del banco hará que nuestro patrimonio vaya en aumento.

Jengibre: es una planta originaria de Asia y su nombre en sánscrito es *sringaveva* (que resulta algo difícil de pronunciar para nosotros), que significa 'en forma de cuerno'. Tuvo distintos nombres a lo largo de los tiempos, culturas y lenguas, y llegó ya a España con el nombre por el cual la conocemos, jengibre. Crece en la India y en China, que son los principales recolectores, y también se cultiva a menor escala en México, Hawái, el norte de Australia y Jamaica, entre otros, aunque es sabido por los expertos que el jengibre procedente de estos últimos países es de menor calidad. Tengo entendido que el que llega a España proviene de Asia.

En gastronomía: su sabor es picante y un poco amargo, y se utiliza en platos dulces o salados de carnes o verduras. Es uno de los ingredientes del curri y de otras salsas variadas, y su jugo se emplea en mariscos y también en el famoso *sushi* japonés. Se usa en general para todo tipo de platos escabechados. Se añade a ricas bebidas como cócteles, licores, vinos y la cerveza de jengibre, y también a pasteles y galletas. En la cocina medieval todos los alimentos eran tratados con muchas especias, para disimular a veces el sabor de la comida, ya que carecían de medios para una buena conservación. Y qué decir cuando se sabían sus poderes mágicos y los utilizaban para ese fin: el resultado era ir directamente a la hoguera. Aunque recordemos que la Iglesia mandaba a la hoguera a sus fieles e infieles por cualquier cosa relacionada o no, directa o indirectamente, con la magia.

En medicina: se trajo hasta Europa como tónico aromático para las funciones hepáticas, ya que ayuda en la secreción de la bilis. Se emplea con muy buenos resultados para problemas de náuseas, el mareo de los viajeros, reumatismo, resfriados y gripes. Ayuda a prevenir úlceras y es genial para obtener una buena digestión. Estimula la circulación y, como ya sabemos, tiene poderosas propiedades afrodisíacas y utilizarlo previene la impotencia.

Precaución: Evitar cuando hay fiebre, cuando la piel está inflamada y en casos de úlcera de estómago o intestinal.

En magia: esta raíz no solo es afrodisíaca y sirve para el amor y el sexo, como he escrito en mis anteriores libros, sino que además aumenta la energía física, triplica la energía mágica, refuerza el valor y, cómo no, está relacionada directamente con el dinero. Podemos ungir una vela con aceite de almendras o de oliva, luego cubrirla con polvo de jengibre y encenderla mientras le pedimos que nos traiga dinero.

Madreselva: desde tiempos remotos es conocida y utilizada en China, tanto en medicina como en arreglos florales. Es una de las plantas que desprenden uno de los aromas más finos y ansiados. Por su privilegiado perfume es muy utilizada en los sachets, almohadillas y popurrís florales, y es uno de los ingredientes de los perfumes.

En medicina: sus aplicaciones son múltiples. Se usa por vía externa para problemas de piel y por vía interna para la hepatitis, infecciones de la orina, disentería, conjuntivitis, sarampión, paperas, infecciones respiratorias, urticarias, furúnculos, varicela, para reducir los estados febriles...

Precaución: Esta hierba tiene que ser recetada por el médico o farmacéutico, ya que sus bayas son venenosas.

En magia: en la época medieval no existía ninguna cueva de las famosas brujas que no estuviera llena de estos ramos colgados por doquier. Los hacían por dos razones: una por sus funciones mágicas, y otra, como ya hemos dicho, por la excelente fragancia que desprende. También sabemos que los sacerdotes druidas, que eran los brujos de la cultura celta, ya practicaban un ritual menor de recogida de madreselva y por su gran respeto a la naturaleza (algo tan importante y de lo cual hoy carecemos) les pedían permiso antes de cortarlas.

Esta planta era y es utilizada para hacer todo tipo de rituales para aumentar la economía. Nos la mejora e incrementa no a través de los juegos de azar, sino por una implicación en nuestro mundo laboral, o sea, tiene que haber una implicación física. Por ejemplo, preparamos un ritual para mejorar la economía, pero acto seguido hemos de salir a buscar trabajo o pedirle a quien nos deba dinero que nos lo devuelva o sanear nuestro negocio analizando y solucionando lo que falla en él... Y podemos ayudarnos poniéndonos un par de gotitas de esta esencia en las muñecas antes de pedir un aumento de sueldo, cuando queramos un dinero extra que nos puede venir de otro trabajo o en firmas de contratos. En casa o en el negocio podemos colocar unos preparados florales de madreselva (podemos añadir otras plantas o flores de suaves aromas) que, además de adornar y perfumar, aumentarán nuestra economía.

Nuez moscada: nos despierta y aumenta la energía física, la energía mágica, la conciencia psíquica, el dinero y, además, es muy afrodisíaca. Es originaria de las islas tropicales del sureste de Asia.

En gastronomía: es muy utilizada en la cocina para hacer panes, pasteles, bebidas y salsas de todo tipo. También se usa para dar más sabor a verduras como la calabaza, la col y las espinacas. Personalmente me gustan las verduras con una pizca de nuez moscada, un clavo de olor y un poquito de pimienta negra. Con estos ingredientes las verduras son deliciosas. Se lo recomiendo a todas aquellas personas a las que no les gusta el típico sabor de la verdura. También se añade nuez moscada a carnes y platos salados o dulces.

En medicina: estimula el apetito, ayuda a mejorar la digestión, combate la diarrea y es buena contra el insomnio y para los dolores musculares.

Precaución: Las cantidades no pueden ser excesivas, pues pueden producirnos dolor de cabeza, vómitos e incluso delirio.

En magia: su fragancia es ideal cuando estamos haciendo rituales para atraer el dinero; mientras, visualizaremos el resultado final, que sería ya cumplido nuestro objetivo. Los árabes la utilizaban como talismán de la buena suerte. Jugar con un par de nueces en la mano cuando estamos cerrando un trato nos dará mucha suerte y ayudará a la firma. Llevar tres nueces en una bolsita de color verde cosida con hilo del mismo color dentro del bolso nos atraerá el dinero.

Pachulí: potencia la energía física, la energía del dinero y el sexo. Es una de mis esencias preferidas para trabajar con la magia del dinero, pero soy contraria a utilizarlo como perfume por su fuerte olor, que nunca pasa inadvertido. Su aroma fuerte y penetrante me transporta fuera de mi altar y me trae recuerdos un poco negativos. Cuando era jovencita todo mi grupo de amigas y yo misma llevábamos esta fragancia, que se había puesto de moda en los años sesenta, cuando yo todavía no había nacido, y se mantuvo en los años setenta y ochenta, que fue la época en la que yo jugaba a ser mayor. Todo el mundo o casi todo el mundo la utilizaba. Se sabe que empezaron a utilizarla los *hippies* para camuflar el olor del humo que producía la marihuana al fumarse, aunque esto no quiere decir que todo el que la usara fumara marihuana. A mí personalmente nunca me interesaron las drogas, pero... como era un perfume de moda yo no iba a ser menos. El problema llegaba cuando entraba en mi casa, que por alguna extraña razón producía un efecto asfixiante en mi madre y le cortaba la respiración. Nada más entrar yo en casa ella tenía que salir corriendo a la ventana para poder respirar, mientras yo me cambiaba de ropa y me duchaba. El olor era tan fuerte que tenía que lavar la ropa que había usado ese día varias veces. La lavaba a mano para poder ir cambiando el agua y conseguir que desapareciera ese olor, lo cual era algo casi imposible. Sinceramente, era todo un drama. Yo dejé de usarlo, pero mis amigas no. Como su olor era tan penetrante, me lo seguía llevando a casa pegado y sin querer en mi ropa, con el agravante de que como ya estaba avisada me caía más de una bofetada. Aquellos días fueron un infierno. Mis amigas no querían dejar de usarla y siempre salía con ellas, porque eran mis únicas amigas, y cuando llegaba a mi casa me iba a la cama «caliente», como se suele decir vulgarmente. Pero antes tenía que ducharme y lavar la ropa. Finalmente, y después de no salir en varias semanas, mis amigas fueron más comprensivas, dejaron de usarla y la sustituyeron por las colonias y perfumes que en ese momento estaban de moda, y entonces la que empezó a respirar, además de mi madre, fui yo. Pero volvamos a lo que nos interesa.

Esta planta procede de la India y de otros países de Oriente, donde su uso es muy frecuente para perfumar las telas y repeler las polillas (pobre de mi madre si tuviera que vivir en uno de esos países). Llegó a Europa en el siglo XIX como representante de lo exótico y sensual de esos países lejanos. Después perdió su interés hasta que volvió a resurgir con el movimiento *hippy*.

Es también un gran afrodisíaco, aunque nunca será una de las fragancias en las que yo me envuelva en una noche de pasión, y ya sabéis todos el porqué, mi libido no danzaría al compás de su aroma, sino todo lo contrario. Me despojaría de todo privilegio amatorio y seguramente me iría a preparar y ungir velas, que es lo único que me seduce de ese aroma, que, como ya he dicho, está presente y es una parte importante en mi altar.

En medicina: trata infecciones, estados febriles y resfriados, alivia la depresión, el estrés, las náuseas y las diarreas, y soluciona problemas de piel como el acné y los dolores de cabeza.

En magia: nunca puede faltar en un altar para trabajos que estén relacionados con el dinero. Es recomendable quemar barritas de incienso y ungir velas con este aceite mientras pedimos y visualizamos una lluvia de dinero en monedas o billetes de curso legal. Quemar tres velas de color verde y ungidas con este aceite antes de jugar en cualquier juego de azar traerá mucha suerte y dinero.

Pino: con este árbol podrás potenciar la energía física, la energía mágica, la energía del dinero, la curación, la purificación y la protección. El pino es un árbol muy conocido por todos y por muchas culturas distintas. Desde hace siglos se utiliza tanto en medicina como en arreglos florales y en aromaterapia. En cosmética es muy reconocido en perfumes y en todo tipo de geles para el baño, champús y jabones.

¿Y quién no ha ido al bosque a buscar las famosas piñas para luego comerse los piñones? Cuando era niña, de lo cual hace unos cuantos años, los chicos más mayores y atrevidos iban hasta la montaña que estaba cerca de mi casa para subirse a los árboles y llevarse las piñas, que más tarde nos vendían por un precio módico. Luego nos pasábamos toda la tarde partiendo piñones con una piedra y comiéndonoslos. Era divertidísimo y la mar de entretenido.

En gastronomía: los piñones no son solo un rico manjar para los niños, también se usan en la cocina para hacer deliciosas tartas, salsas como el pesto, rellenos de aves como el pollo o el pavo en Navidad y un sinfín de platos. Mi madre los utilizaba mucho en la cocina, pues es una gran cocinera, cosa que en menor escala he heredado de ella. Los que se atreven a probar mis guisos dicen que lo hago muy bien. Tengo que reconocer que mi tortilla de patatas es genial, al igual que otros muchos de mis platos. En uno de mis libros, *Cocina mágica de la bruja moderna*, podrás encontrar ricos platos para enamorar, consejos para alimentarte bien y una relación de los alimentos que tienes que ingerir durante unos días para aumentar tus posibilidades con el dinero y los juegos de azar, para encontrar trabajo o para que se firme ese contrato que tanto esperas.

Además, el libro lleva al final de sus páginas «La espiral mágica de las especias», que podrás recortar y pegar en la nevera como guía, para potenciar la energía que necesitas en esos momentos.

Pero volviendo al tema central, las piñas cuando no han llegado a su madurez sirven también para hacer preparados florales y para los famosos centros de Navidad que se suelen pintar de colores dorados, rojos y plateados, espolvoreados con purpurinas. Según la decoración de la casa y el mantel que usemos ese día, jugaremos con los colores y demás adornos, como son las velas rojas tan utilizadas en esos días; podemos elaborar unos centros de mesa navideños dignos de lucir y admirar. Y estaremos atrayendo energías muy positivas.

En medicina: sus hojas frescas se pueden hacer en infusión para combatir el reumatismo. También se hacen preparados como las pomadas para eccemas y otros problemas de la piel. Su aceite rebajado sirve para aliviar las tensiones musculares y el reuma, activa la circulación de la sangre, soluciona problemas respiratorios y bronquiales, es diurético y, por eso, trata problemas de vesícula y riñón.

Precaución: El aceite puesto directamente en la piel puede producir alergia. Es necesario rebajarlo con aceite de oliva, de almendras o de soja y probar en una zona pequeña antes de continuar. Las personas que tengan problemas de riñón deben consultar al médico. Como siempre digo, no automedicarse. Esto es una simple guía de lo que nos puede beneficiar, pero la última palabra siempre la tiene el médico y ante la menor duda no utilizar ninguna hierba con fines terapéuticos hasta estar totalmente seguros.

En magia: podemos emplear las piñas en los rituales y el aceite para ungir las velas; además de proporcionarnos un agradable perfume que servirá para despejar nuestra psique y nuestros canales, su energía hará de antena para atraer hasta nosotros la energía del dinero y la prosperidad. Podemos utilizar el pino en rituales de curación, protección, purificación, para aumentar la energía mágica, la del dinero y la física. Si tienes posibilidad abrázate a un pino con los pies descalzos y respira su energía dándole tú la tuya; en ese intercambio no pidas nada, él te preparará y ayudará para lo que te haga falta.

Salvia: nos ayuda a potenciar la memoria, la conciencia mental, la sabiduría y el dinero.

Hierba sagrada para los griegos y los romanos, que además de utilizarla para remedios curativos y hacer de su recogida toda una ceremonia, también la empleaban en sus rituales. Su nombre en latín, *salvare*, significa 'curar'. Los griegos la llamaban «hierba de la inmortalidad». Los antiguos egipcios le hacían reverencia y le daban culto porque creían que era una salvadora de vidas. Los romanos la utilizaban como remedio para la fertilidad. A las parejas que no conseguían tener hijos se les practicaba una especie de ritual que consistía en separar a la pareja durante cuatro días, aislados tanto ella como él del mundo cotidiano, y en esos cuatro días tenían que ingerir continuamente té de salvia. Acabado este período de separación se reunía la pareja de nuevo para vivir una segunda luna de miel. Con este ritual se pretendía que ambos consiguieran su propósito y que ella se quedara embarazada. En la Edad Media se hacían los famosos elixires rejuvenecedores que tenían efecto gracias a la acción de la salvia. De nuevo volvemos la vista atrás para darnos cuenta del uso que nuestros ancestros daban a las hierbas y del respeto que tenían a estas.

Esta hierba atrae a las abejas y gracias a ellas podemos degustar la miel de salvia, que está muy rica y es muy sana, y que se cotiza mucho en los países cálidos.

Una de las propiedades más estupendas de esta planta es su efectividad para restablecer la memoria. Por ello es muy recomendada para los ancianos y para aquellos que noten pérdida de memoria, algo muy común en nuestros tiempos debido al ritmo de vida que llevamos. Tener alguna planta en casa nos puede ayudar en casos de depresión o estados bajos de ánimo. Su aroma es muy fuerte y puede impregnar toda la sala, ayudando en los procesos curativos sin necesidad de hacer nada más.

En gastronomía: en la cocina es una hierba muy adecuada para platos de carne y salsas.

En medicina: desinflama las encías y la faringe, cura heridas y ulceraciones de la boca, desinfecta y limpia la piel, y refuerza el color del cabello. Como ya he dicho, tener una planta en casa, y gracias al aroma que desprende, ayudará a disminuir los síntomas de la menopausia y el cansancio, además de fortalecer y rejuvenecer el ánimo. Tomada en infusión servirá para cualquier infección respiratoria, bronquitis, catarro, asma o sinusitis. Tiene propiedades astringentes y expectorantes, estimula la digestión, abre el apetito y alivia cólicos, náuseas, diarreas, indigestiones, colitis y afecciones del hígado. Además su acción diurética sirve como depurativo orgánico, ayudándonos a eliminar toxinas y residuos orgánicos, y a su vez disminuye la artritis y la gota. También regula las menstruaciones y el dolor que estas causan, y siguiendo con los trastornos de la mujer, es un excelente tratamiento para los trastornos de la menopausia, sobre todo para los sofocos. En infusión y aplicada en la piel con un algodón o en aceites diluidos, puede aliviar picaduras de insectos, quemaduras y mordeduras. Se puede hacer un emplaste para torceduras, artritis o inflamaciones de las articulaciones en general. También alivia las infecciones vaginales.

No me extraña que nuestros antiguos la consideraran como hierba sagrada y que su nombre en latín, como he explicado unas líneas antes, significase 'curar'. Deberíamos tener siempre una planta en casa, pues seguro que nos sacaba de más de un apuro tanto médico como mágico.

Precaución: No está recomendada para mujeres embarazadas ni tampoco cuando están en período de lactancia. Se prohíbe a los epilépticos, pues les puede producir algún ataque si se consume en cantidades grandes.

En magia: en estados alterados de conciencia nos puede ayudar a recuperar la memoria genética, arcaica, o la memoria colectiva, dependiendo del trabajo que estemos realizando y la dirección y las pautas que pueda seguir un buen terapeuta. En mi consulta de Barcelona, aparte de trabajar el tarot como guía y, por supuesto, como herramienta adivinatoria, imparto cursos y seminarios de magia en los que trabajo la terapia regresiva. Me visitan pacientes de toda España e incluso del extranjero y siempre procuro tener una maceta de salvia en la consulta para obsequiar a cada uno con un par de hojas antes de comenzar las sesiones para que se las frote entre las manos, lo cual da unos resultados espectaculares, pues ayuda al paciente a transportarse al pasado sin tanta dificultad y con mucha más claridad. Esta hierba ayuda a potenciar la sabiduría y a rescatarla de vidas pasadas.

En rituales se utiliza mucho para atraer el dinero, y los indígenas norteamericanos ya la empleaban en sus ceremonias mágicas para favorecer la abundancia. Cuando tengas deudas antiguas que no hay forma de cobrar o retrasos que parecen que no llegan nunca, prepara un buen ritual con esta hierba. Y luego, una vez consumidas las velas como siempre, pon la salvia dentro de una bolsita verde y cósela con hilo del mismo color. Después cuélgala en alguna ventana o balcón, y verás qué pronto te llega ese dinero tan esperado.

Toronjil: también conocido como melisa, hierba luna, abejera, citraria y cedrón. Nosotros la conocemos como melisa, nombre que le pusieron los griegos y que significa 'miel de abeja'. Se sigue frotando con esta hierba las colmenas para atraer nuevas abejas y que las que hay no se vayan. Está muy presente en los jardines de las casas rurales, por su agradable olor a limón.

Nos ayuda a encontrar la paz, sirve para purificar y nos atraerá dinero. Su aroma es refrescante y penetrante, y se parece a la fragancia del limón. En la Edad Media se utilizaba mucho y con un gran éxito, se esparcía por el suelo para hacer una capa semejante a una alfombra. Recordemos que en esa época la limpieza brillaba por su ausencia y el aseo personal tampoco era muy común, así que utilizaban las hierbas más aromáticas para camuflar ciertos olores desagradables. También tenían costumbre de arrancar esta hierba, con raíz incluida, para hacer un pequeño ramo atado con un hilo de seda. Luego lo colgaban bocabajo y lo dejaban secar a sol y sombra. Una vez seco lo introducían en un trozo de tela de lino y lo cosían con el hilo de seda que se había utilizado para secarlas, formando un saquito que llevaban debajo de la ropa. Decían que la persona que llevaba uno de esos saquitos se volvía más agradable y más querida, que sus deseos se cumplían y que además gozaban de felicidad siempre, y además no solo proporcionaba paz y purificación, sino que atraía la riqueza.

Quizá en la Edad Media no seguían todos estos pasos al pie de la letra, pero yo he intentado establecer un orden

TORONJIL
ALBAHACA
AZAFRÁN
BERGAMOTA
CANELA
BREZO
SALVIA
ENELDO
PACHULÍ
PINO
DIENTE DE LEÓN

coherente para que la magia sea posible y sus efectos sean más eficaces. En nuestros días para hacer el preparado del saquito podemos utilizar también una tela de algodón y no es necesario que lo llevemos bajo la ropa, sino que lo podemos llevar en el bolso, en el coche...

En medicina: es la famosa Agua del Carmen, tan utilizada por nuestras madres y abuelas para relajar la tensión muscular y aliviar el nerviosismo. Pero se ha comprobado que si se abusa de ella puede crear adicción, así que hay que tomarla con prudencia. Tanto en niños demasiados hiperactivos como en personas muy nerviosas, o en épocas en que los nervios están a flor de piel, podemos preparar una infusión fuerte y añadirla al agua caliente de un buen baño. Esto nos relajará y ayudará a dormir. También ayuda a combatir la depresión, los estados febriles, la ansiedad, las dolencias menstruales, los resfriados, los dolores de cabeza, la migraña, el zumbido de oídos y los vértigos. Además es antiespasmódico y un buen tónico digestivo. También mejora la memoria, como nuestra amiga la salvia, y ayuda en la concentración, por eso en épocas de exámenes es recomendable dar a los estudiantes té de melisa.

En magia: ya he dicho anteriormente que atrae el dinero. Además, esta hierba nos invita a la reflexión. Si nuestra energía está bloqueada en algún punto y no le permitimos que fluya libremente, nos afectará al cuerpo físico y al emocional. Entonces podemos meditar mientras olemos su aroma y preguntarnos dónde está el bloqueo. Y, sin duda, la respuesta llegará, aunque quizá no en el mismo momento. Puede ser a través de una persona, de la lectura de un libro o de un sueño. En ese período o en esos días hemos de tener los ojos y oídos bien abiertos, porque así podremos resolverlo. Esta sería una de las maneras de desbloquear la energía bloqueada, algo muy importante para un buen mago.

Se pueden hacer varios preparados con sus hojas frescas en cestitas pequeñas de mimbre y repartirlas por toda la casa. Además de proporcionar un agradable aroma nos ayudará con nuestra economía.

Vetiver: conocida por el nombre de «aceite de la tranquilidad», el vetiver nos da protección, atrae el dinero y además es afrodisíaco. Es una planta originaria de la India y Sri Lanka, aunque se ha ido esparciendo y cultivando en otros lugares como Filipinas, Haití, África Occidental, islas Comores, Java y Sudamérica.

Con las raíces de esta planta se fabrican en la India esteras, abanicos y una especie de cortinillas, que cuelgan en las ventanas y puertas de las casas, a las que les echan agua por la mañana para refrescar el ambiente y favorecer un aroma natural a tierra o a bosque después de la lluvia. El sol excesivo de la tarde se encarga de volverlas a secar, pero se realiza el mismo proceso a la mañana siguiente porque también les sirve de insecticida natural. La recolectan sobre todo para fabricar el aceite esencial. También se utiliza para hacer jabones, fijador de perfumes y otros productos cosméticos.

En medicina: alivia el estrés y la tensión premenstrual, la menopausia, los dolores musculares y el reumatismo. Va bien para la artritis y el acné.

Precaución: Consultar al médico o farmacéutico si se quiere aplicar con fines terapéuticos.

En magia: yo utilizo con mucha frecuencia la esencia de vetiver. Su olor seco a madera o terroso me ayuda a concentrarme en los hechizos que tienen que ver con lo material. Me gusta ungir velas con esta esencia, poner unas gotas en un pebetero mientras trabajo o utilizarla de ambientador para que vaya haciendo su efecto con la energía del dinero.

Se fabrican abanicos con las raíces del vetiver, y colocar alguno de adorno en la casa nos ayudará para que entre más dinero. Si nos abanicamos con él desbloquearemos la energía del dinero que por alguna razón no nos llega.

Los aceites esenciales

Casi todas las plantas citadas anteriormente tienen su propia esencia, a excepción de algunas que no se fabrican porque son muy difíciles de encontrar y otras porque su precio es demasiado elevado.

Para hacer una primera y buena elección lo mejor es leerse los dos capítulos dedicados a este tema, aunque recomiendo antes de empezar a trabajar leerse todo el libro, luego tomar papel y lápiz y apuntarse cuál de ellas son las que más nos atraen y con cuáles nos gustaría trabajar. Cada una de ellas nos despertará instintos diferentes, y esos son los que hay que seguir. Una vez hecho esto nos iremos con nuestra lista a una herboristería o tienda especializada. Si vamos a una herboristería la ventaja es que podremos ver y oler las esencias y plantas secas, comparar precios y comprar las que más nos atraigan. Solo así podremos saber cuáles queremos y elegiremos aquellas que deseamos que estén en nuestro altar.

El aceite esencial se consigue a través de la destilación en laboratorios especializados. Otros aceites los podemos preparar nosotros mismos, pero en el segundo caso, no será aceite esencial sino un preparado casero que podremos conseguir de la siguiente manera: pondremos ramas o raíces de la planta dentro de un recipiente con aceite. A mí personalmente me gusta trabajar con el aceite de oliva o el de almendras, que junto con el de soja y algunos otros serían los más recomendados. La planta tiene que estar totalmente sumergida y cubierta en el aceite y con la raíz apuntando hacia arriba y las hojas hacia abajo, para que el espíritu de la planta salga y se mezcle con el aceite. Luego hay que dejarlo macerar como mínimo quince días en un lugar donde reciba la luz del sol y los rayos lunares, lo que llamamos a sol y sombra.

Los preparados medicinales, para tomar o para aplicar en la piel, siguen un proceso de maceración distinto: el tarro sería de cristal opaco, y no lo expondríamos al sol porque perdería todas sus propiedades medicinales, sino que tendría que estar dentro de algún armario o despensa y en un lugar seco, hasta su aplicación o consumo. Pero nosotros lo vamos a utilizar para hacer magia y por ello nos interesa cargarlo de energía con las vibraciones y efectos de los cuatro elementos: el aire, la tierra (que es la misma planta), el fuego (que es el sol) y el agua (que sería el rocío de la mañana y el propio aceite que es líquido). No importa que el tarro esté expuesto a la lluvia, pues así se cargará mejor del elemento agua. Este proceso ya se ha explicado antes y en muchos de mis libros anteriores, pero siempre va bien recordarlo.

Recomiendo hacer el preparado casero, pues tendrá mucha fuerza y nuestra energía, pero también se puede comprar la esencia. Si se trabajan juntos el resultado puede ser espectacular para el trabajo que realizaremos y para nuestra piel, que lo agradecerá. La esencia pura es muy fuerte y conviene rebajarla con nuestro preparado casero. Se deben poner en un recipiente pequeño de cristal unas gotitas del aceite esencial y un chorrito del aceite casero ya preparado y macerado anteriormente. Si no tenemos aceite casero macerado, podemos utilizar unas gotitas de aceite de oliva virgen o de almendras. La cantidad de aceite casero dependerá de lo fuerte que sea la esencia que estemos utilizando. Por eso es bueno leerse el apartado de cada uno de los aceites esenciales porque nos ayudará a tener una idea más clara y a conocer sus beneficios y riesgos (en el caso de que los tenga).

Todas las esencias aquí descritas tienen que ver con el dinero y la prosperidad.

Haré varios apartados para ver cómo podemos trabajar con las hierbas de distintas formas y para conseguir distintos resultados: algunas las podemos quemar; otras sirven para hacer mezclas, para ambientadores caseros o añadirlas al agua de baño; con otras podemos hacer popurrís o sachets, y con otras nos haremos ricos platos para degustar. Veremos algunos trucos rápidos y cómo sacar más provecho de lo que la naturaleza sabia nos pone al alcance de todos. Y todo ello va a contribuir para que la hermosa energía del dinero y la prosperidad pueda fluir en nuestras vidas.

Yo os doy la información y vosotros tenéis que hacer el resto.

TRABAJO CON LAS ESENCIAS EN MAGIA PARA ATRAER EL DINERO

Albahaca: atrae la buena suerte, el dinero, la paz y la felicidad, y además despierta la conciencia.

Prepara una infusión fuerte con la planta. Ponla en un tarro de cristal, lo cierras y lo guardas en la nevera. Cuando prepares rituales para el dinero pon este preparado en tu altar, simbolizando el elemento agua, y añádele tres gotas de la misma esencia de albahaca pura para que los resultados de la magia sean más eficaces. Cuando tengas que ritualizar objetos o amuletos báñalos en esta agua. Nos veremos beneficiados por la buena suerte.

Bergamota: para que nos vengan más clientes a nuestra tienda o negocio.

Pon diez gotas de la esencia en el cubo de fregar, sin jabones ni lejías, y disponte a fregar el suelo. Hazlo por la noche cuando el establecimiento esté cerrado, en silencio y sin nadie más. Si te gusta limpiar con música, que esta sea suave. Durante el día pon unas gotas de esta esencia en un pebetero para que se ambiente el local. Una vez que la atmósfera esté limpia, la clientela empezará a venir.

Brezo: para emprender nuevos proyectos y temas laborales.

Unge unas gotas de la esencia de brezo en una vela de color verde durante nueve miércoles seguidos. Escribe en un papel lo que deseas: un crédito para montar tu negocio, encontrar un trabajo, firmar algún contrato... El último miércoles quema el papel con la última vela antes de que esta se consuma. Si el deseo se ha cumplido antes de acabar las nueve velas, hay que terminar el proceso igualmente, pues de lo contrario podríamos perderlo después con facilidad. Acabar el proceso servirá para fijarlo y para que sea duradero. Nunca debemos interrumpir un proceso.

Canela: para que traiga prosperidad a tu vida.

Una vez ungida una vela de color amarillo, rebózala en polvo de canela y enciende una todos los domingos. Si guardas el dinero en una caja en tu casa, ata tres ramas de canela en una cinta de color verde y ponla encima del dinero. Esto hará que la caja nunca esté vacía. Unas gotas en un pebetero, además de ambientar, hará que no tengamos carencias económicas.

Hierbabuena: atrae el dinero y la prosperidad.

Pon un par de gotas en las palmas de las manos y frótalas. Luego pasa las manos por un billete de curso legal, enróllalo y átalo con una rama de menta fresca. Si fuera necesario, ayúdate con un hilo de color verde, pero la idea es que esté enrollado con la rama fresca. Aparte de traernos dinero, nos abrirá a esa prosperidad bloqueada. Tener macetas de hierbabuena en la casa nos ayudará, pues siempre tendremos unas ramas frescas a mano cuando las necesitemos, sobre todo para preparar nuestros hechizos.

Jengibre: esta raíz está regida por Marte y pertenece al elemento fuego. Aumenta la energía física, triplica la energía mágica, refuerza el valor y la voluntad, además es afrodisíaca y atrae el dinero con gran éxito.

Unge con esta esencia nueve velas verdes. Luego ralla un trozo de su raíz y unta con la ralladura las nueve velas. Después guárdalas en un trozo de tela no sintética de color rojo. Encenderemos la primera vela un martes, y las otras en los ocho días sucesivos sin interrupción, una vela por día. Se puede repetir una vez al mes, o encender una vela así preparada todos los martes. Nos traerá dinero rápido.

Madreselva: nos trae prosperidad y hace crecer nuestra economía.

Con ella podemos preparar un ambientador casero: pon en una botella un cuarto de agua mineral y diez gotas de esta esencia. Tras agitar ya está lista para usar. Su agradable aroma lo convierte en un buen ambientador. Si buscamos trabajo, podemos preparar un ritual con esta planta y su esencia, y luego salir a la calle a buscarlo. Ya verás como lo encuentras. La madreselva nos proporcionará mucha prosperidad en todos los terrenos.

Pachulí: es uno de los aceites con más fuerza para trabajar la energía del dinero y hacer que este venga hacia nosotros.

Rebaja una gota de este aceite en un poco de aceite de almendras dulces. Si tenemos algún amuleto que usamos para los juegos de azar, debemos ungirle un poquito de esta mezcla sin que quede aceitoso y envolverlo en un paño de algodón. También podemos ungir con nuestras manos objetos que para nosotros simbolicen dinero, e incluso las monedas. Si tenemos un negocio con caja registradora, hay que mojar un poquito de este preparado en un trozo de tela de algodón y pasarlo por la caja y por el marco de la puerta de entrada del negocio o de la casa. Verás como te llega el dinero.

Pino: atrae el dinero y la prosperidad.

Mientras haces rituales para atraer el dinero y la prosperidad, poner en un pebetero seis gotas de esta esencia te ayudará a canalizar la energía del trabajo que estés preparando. Podemos ungir velas verdes y encenderlas de vez en cuando; además de perfumar con un agradable olor y despejarnos la mente, nos traerá dinero y dará fuerza a nuestros rituales. Si puedes recoge tú mismo las hojas y piñas del pino, y recuerda que hay que pedir permiso a cada planta antes de cortarla.

Salvia: esta esencia te será muy útil para recuperar el dinero que te deben y no te pagan nunca. Además de recuperar

tus deudas de dinero, posesiones materiales y lo que es tuyo por la ley humana y la ley cósmica, también te hará recuperar la memoria de las cosas que olvidas de esta vida y de las vidas pasadas.

Compra salvia mejor seca y espárcela en una cartulina de color azul índigo, que es el azul oscuro. Prepara con la esencia doce velas del mismo color que la cartulina. Una vez ungidas, rebózalas en la salvia y guárdalas en un paño de algodón. Durante tres meses o hasta que se terminen encenderás una todos los jueves. Ese día pertenece al planeta Júpiter, que es el de los asuntos legales y de la justicia (no solo de la justicia humana, sino de la justicia divina, que es mucho más importante y de fiar). Siguiendo este ritual se hará justicia por ley divina, y lo que es tuyo volverá a ti. Poner unas gotitas de esencia de salvia en un pebetero nos traerá dinero y memoria. Planta muy importante y utilizada en magia.

Macera en aceite ramas de salvia; luego te servirá para los rituales y para rebajar la esencia pura.

Toronjil (melisa): el dinero es una energía que hay que cuidar y mimar, pero a veces se bloquea y no sabemos ni dónde ni por qué. En esas circunstancias nos vendrá muy bien la esencia de melisa.

Haz una mezcla con el aceite casero (preparado con hojas de melisa y por el proceso que ya conocemos) y con la esencia pura, un chorrito de cada uno a partes iguales. Unge con esta mezcla siete velas de distintos colores (rojo, naranja, amarillo, verde, azul clarito, azul oscuro y violeta). Luego rebózalas con la planta de melisa ya picada y envuélvelas en un paño. Enciende la primera vela un martes y las siguientes en los días sucesivos, siguiendo el orden de colores descrito. Cada vela corresponde a un chakra. Mientras se consume la vela haremos una meditación, visualizando el mismo color de la vela y la zona que le corresponde para ayudar a desbloquear esa zona. Si este trabajo se hace bien, al finalizar los siete días podremos saber dónde se bloquea esa energía y por qué. Si no es así y la información no nos ha llegado, debemos descansar siete días y volver a repetir el ritual. Siempre será bueno para nuestros chakras y con este ritual estaremos equilibrando muchas más cosas sin saberlo. Recomiendo hacerlo. Además de equilibrar nuestra salud física y psíquica, nuestra economía empezará a fluir y a notarse.

Vetiver: atrae dinero y prosperidad.

Es el famoso aceite de la tranquilidad. Aconsejo poner unas gotas en un pebetero cuando los ánimos estén bajos o el ambiente esté demasiado cargado debido a los problemas. También nos ayudará a traer ese dinero que nos falta y que nunca llega. Su aroma seco y terroso es uno de mis preferidos para rituales mágicos que favorezcan el dinero y la prosperidad.

AMBIENTADORES CASEROS PARA ATRAER EL DINERO Y LA PROSPERIDAD

Todos los ambientadores se prepararán con agua mineral, de riachuelo o de lluvia. Y para que tu ambientador tenga mucha más eficacia, haz una infusión bien cargada con una de las hierbas o varias de las combinaciones que propongo más adelante, la dejas enfriar y luego le añades el resto de los ingredientes o esencias.

Otra de las cosas que debes tener en cuenta es que puedes trabajar con tarros de cristal, barro, porcelana o metal, pero procura que ni el difusor ni el resto de los productos sean de plástico. Lo mejor para preparar un buen ambientador es usar un tarro de cristal oscuro, pero si no es posible y solo puedes utilizar el típico ambientador de plástico que venden en todos los comercios, úsalo solo a la hora de pulverizar. Luego guarda el líquido restante en un tarro de cristal y ponlo en la nevera.

Si deseas hacer más cantidad para regalar a una persona que quieres o que está pasando momentos difíciles con la economía, solo tienes que doblar las cantidades. Si quieres hacer una prueba previa para ver si te gusta el ambientador, pon la mitad de las cantidades.

Si en el preparado hay plantas y estas no dejan que salga bien el líquido, déjalo que repose como mínimo siete días, agitándolo cada día un poquito. Luego cuélalo y ya estará listo. Cuando hagas el ambientador solo con las infusiones podrás utilizarlo al momento.

Tras la primera aplicación del ambientador es conveniente guardarlo en la nevera dentro de una o dos bolsas de plástico para evitar que su aroma se mezcle con el de los alimentos. El frío de la nevera fija las propiedades de las plantas e intensifica su aroma.

Si alguno de los preparados no te gusta, puedes hacer tus propias mezclas. Te lo recomiendo porque en todo momento tienes que estar cómodo con los aromas y las plantas que elijas para trabajar. Si alguno de los descritos en el libro no te gusta o no te atrae no lo utilices, hay muchos otros para elegir. Si los aromas te gustan más fuertes o más suaves puedes aumentar o disminuir las cantidades, pero asegúrate de que no sean molestos para los demás.

Descubre tus propias mezclas.

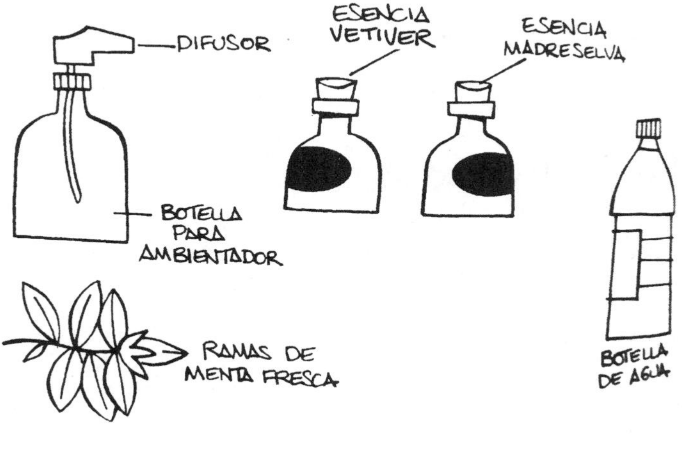

Mezcla n.º 1

1 litro de agua mineral • 20 gotas de esencia de madreselva • 2 ramas de menta fresca • 2 gotas de vetiver

Mezcla n.º 2

1 litro de agua • hojas y corteza de pino • 10 gotas de esencia de pino • 1 gota de esencia de pachulí

Mezcla n.º 3

1 litro de agua • 2 troncos de canela • 5 gotas de esencia de canela • 7 gotas de esencia de vetiver

Mezcla n.º 4

1 litro de agua • 2 gotas de esencia de pachulí • 2 ramas de menta fresca • 10 gotas de esencia de menta

Mezcla n.º 5

1 litro de agua • 20 gotas de esencia de bergamota • unos trocitos de raíz de jengibre • medio tronquito de canela

Mezcla n.º 6

1 litro de agua • 15 gotas de madreselva • unas ramitas y corteza de pino • un puñadito de hojas secas de salvia

Mezcla n.º 7

1 litro de agua • 20 gotas de esencia de salvia • un puñadito de toronjil (melisa) • 2 ramitas de menta fresca

Mezcla n.º 8

1 litro de agua • 20 gotas de esencia de vetiver • ramitas y corteza de pino • 1 gota de esencia de pachulí

Mezcla n.º 9

1 litro de agua • 10 g de trocitos de raíz de jengibre • 20 gotas de esencia de jengibre • 5 gotas de esencia de canela

Mezcla n.º 10

una infusión de albahaca • 5 gotas de esencia de albahaca • 3 hebras de azafrán

Mezcla n.º 11

una infusión de hojas y corteza de pino • 7 gotas de esencia de pino

Mezcla n.º 12

una infusión de menta • 7 gotas de esencia de menta • corteza de limón

Mezcla n.º 13

una infusión de melisa • 5 gotas de esencia de melisa • una rama fresca de melisa

Mezcla n.º 14

2 gotas de esencia de pachulí • 10 gotas de esencia de vetiver • dos troncos de canela cortados a trocitos

Mezcla n.º 15

una infusión de canela • 8 gotas de esencia de canela • una rama fresca de menta

Mezcla n.º 16

una infusión de salvia • 10 gotas de esencia de salvia • Un tronquito de jengibre, a trocitos

QUEMAR PLANTAS PARA ATRAER EL DINERO Y LA PROSPERIDAD

Todos sabemos que la energía se estanca y de vez en cuando es necesario hacer una buena limpieza. Esta sería una de las razones, entre otras, por las cuales la energía del dinero no fluye en nuestras vidas. Puede estar estancada por toda la casa y por los rincones de esta. Si es así no bastará con un simple ambientador, habrá que empezar a mover la energía.

Cuando estamos en baches grandes y la economía no acaba de arreglarse, lo mejor es observar nuestra casa. Esto tiene que ver con lo leído en el primer capítulo. ¿Cuánto tiempo hace que no abres los armarios y los limpias a fondo? ¿Cuánto tiempo hace que no tiras o regalas la ropa que hace más de dos años que no te pones? ¿Cuántos objetos decorativos de tu hogar no te gustan?

Bien, pues ha llegado el momento de ponerse manos a la obra y sin pereza. Mientras pensamos si empezamos o no, estamos perdiendo dinero, prosperidad y la oportunidad de que se arregle nuestra vida. Así que no hay que pensárselo más y empezar YA.

Como he dicho, empezaremos por los armarios y tiraremos o regalaremos todo lo que hace más de dos años que no nos ponemos. Hay que limpiar todos los armarios, sin dejarse ninguno. Aquí incluyo los armarios del comedor, de la cocina y del baño, las cómodas, las mesitas de noche, la despensa, los roperos, los altillos, el garaje (si lo hubiera)...

Hay que desprenderse inmediatamente de todo lo que hemos recogido que no nos sirve; queda terminantemente prohibido almacenarlo más de dos días.

Una vez realizada esta buena limpieza interior, pasaremos a la exterior, o sea, figuras, cuadros, lo que nos regaló cierta persona que no es de nuestro agrado y no sabemos qué hacer con ello... Debemos eliminar todos los objetos que no nos gusten.

Algo de vital importancia: la documentación, cartas, libretas y libros tienen que estar ordenados. Esta es una de las principales causas del desorden económico.

Si la casa necesita una manita de pintura, hay que dársela sin dilación. Si la casa es oscura, podemos jugar con colores claros y luminosos; si es demasiado luminosa, tenemos que jugar con la decoración: cojines terrosos o verde oscuro, figuras y cuadros oscuros (digo oscuros, no tenebrosos). Por ejemplo, poner un sofá de color negro, que además es muy elegante.

Recomiendo también leerse algún libro de *feng shui*. Según este, la tapadera del retrete tiene que estar siempre bajada, porque precisamente por ser un agujero tan grande por el que desechamos lo que no sirve, la energía del dinero también se escapa por allí. El recibidor de nuestra casa tiene que ser luminoso porque es por donde entra la energía del dinero. Por la noche hay que dejar una luz siempre encendida en el recibidor (mejor si es una bombilla de bajo consumo) y si es muy oscuro la luz no debe apagarse nunca. No soy ninguna experta en *feng shui*, aunque me gusta estudiarlo y he aprendido muchas cosas a lo largo de los años. Es mejor que leas algo sobre este tema y de alguien más experimentado que yo, pues puede ayudarte mucho.

En el momento en que ya tenemos limpia toda la casa es cuando hará más efecto quemar algunas plantas, que además de proporcionarnos un buen olor terminará de limpiar las energías malas y estancadas y dejará fluir las buenas por toda la casa.

Utilizaremos una sartén vieja que solo sea para este fin. Podemos quemar una sola planta o varias, y la limpieza se hará con todas las ventanas cerradas y desde el interior de la casa hacia fuera llegando hasta la puerta de la calle. Entonces nos iremos y no volveremos a casa hasta que hayan transcurrido como mínimo dos horas. Cuando volvamos abriremos todas las ventanas durante un rato; luego, si queremos y para que se mantenga el aroma, podemos utilizar algún incienso de las mismas plantas que hemos usado para quemar o bien uno de los ambientadores que hemos preparado.

Muchos de mis clientes y lectores me llaman para que les revise la casa y la limpie de energías estancadas. Primero observo habitación por habitación y les doy unos consejos sobre las cosas que deben cambiar. Como el cliente ya me ha contado antes el tema que le preocupa (problemas económicos, emocionales, de mala suerte o simplemente para proteger la casa), llevo preparadas las hierbas que necesito quemar. Llevo los aceites, las velas y los inciensos necesarios, y entonces, después de una pequeña charla con el cliente, limpio el ambiente y la energía estancada de toda la casa.

En las casas no siempre hay espíritus que no quieren irse, como algunas personas creen, todo lo contrario, son los casos menos frecuentes. Nosotros mismos podemos ser la causa. Una enfermedad, peleas familiares, la muerte de algún ser querido y otras razones de peso es lo que hace que se concentre una energía muy espesa causada por el dolor y el mal ambiente. Y si a esto, además, le sumamos el desorden, entonces surge el caos.

Cuando se trata de casos graves es mejor que la limpieza la haga una persona experta, porque sabrá cómo hacerlo. Mis clientes suelen quedar muy satisfechos.

Aquí describo algunas hierbas que se pueden quemar y algunos preparados para que la limpieza sea eficaz. Como ya he dicho, puedes quemar una sola hierba o varias. Una vez colocadas las plantas en la sartén vieja, pon un chorrito de alcohol de quemar y desde una distancia prudencial tira una cerilla de madera dentro. Es conveniente llevar un guante en la mano con la que sujetamos la sartén; el más idóneo es la manopla que utilizamos para retirar la bandeja del horno. Este proceso hay que hacerlo con mucho cuidado para evitar quemarnos. Para que las hierbas prendan bien es necesario que estén bien secas. También podemos sustituir el alcohol por un par de carboncillos encendidos y encima las hierbas que irán quemando poco a poco.

Algunas de las hierbas que pondré en los preparados no son aromáticas, pero los preparados no son para aromatizar, sino para limpiar y desbloquear la energía acumulada y estancada que no nos deja funcionar.

Albahaca: la planta sagrada de la India. Bien seca y la sartén rasa, podemos añadirle tres hebras de azafrán. Nos traerá suerte y dinero.

Bergamota: es uno de los ingredientes del agua de colonia. Pon en la sartén hojas de bergamota y, si puedes, piel seca de su fruto, que es como una naranja pero más pequeña y que no se puede comer por su amargor. Corta la piel y déjala secar. Pon la piel seca cortada a trocitos con las hojas en la sartén. Su olor es insuperable y nos ayudará a encontrar el éxito en los negocios.

Eneldo: para limpiar brujería en el caso de que nos la hayan hecho y equilibrar la economía. Para que no te falte el dinero es aconsejable mezclarlo con un poco de canela en polvo.

Jengibre: añadir un poco de jengibre rallado a las otras plantas fortalecerá el efecto de estas y colaborará a traer dinero.

Menta o hierbabuena: pasarla bien por todos los rincones de la casa o del negocio atraerá el dinero. Las hojas han de estar bien secas; podemos añadir para la limpieza un poco de romero.

Pachulí: si no encontramos la planta seca, debemos quemar barritas de incienso de tres en tres y pasarlas por toda la casa. Podemos poner además unas gotas de su esencia en un pebetero mientras limpiamos. También podemos añadir dos o tres gotas de su aceite esencial a otras mezclas de plantas para quemar. Nos trae suerte en los juegos de azar y dinero.

Pino: tiene más efecto cuando lo hemos recogido nosotros mismos. Nos servirán un par de piñas secas, o en su defecto un puñado de hojas, que son como agujas largas. Podemos poner las piñas y las hojas juntas. El pino es muy aromático y también es un buen radar que hará de puente para que circule la energía del dinero y la prosperidad.

Salvia: hierba sagrada de los griegos. Tener una planta en casa siempre será beneficioso. Poner bastante salvia seca en la sartén y quemarla nos ayudará a que nos paguen las deudas y que nos llegue más dinero. También podemos poner dos buenos puñados de salvia seca en una olla con agua hirviendo y pasar el vaho por toda la casa. Se puede llevar a ebullición varias veces. Cambiará la energía negativa por energía positiva y limpia, que atraerá el dinero y nos refortalecerá la memoria, por algo nuestros ancestros la consideraban sagrada. Si en casa hay niños o jóvenes estudiantes, es aconsejable poner los vahos o barritas de incienso mientras estudian en las épocas de exámenes, pues los ayudará a recordar todo lo estudiado. Y si hay ancianos en casa los ayudará a restablecer su memoria. Tener plantas frescas de salvia también es muy recomendable, su aroma sutilmente hará su efecto.

Toronjil (melisa): para mí es otra de las hierbas divinas. Si quemamos esta planta y la repartimos por toda la casa, hará que el tapón que obstruye la energía del dinero y que no deja que circule libremente salga disparado como si descorcháramos una botella de champaña (en sentido figurado). A partir de entonces esta energía hará que se arregle nuestra economía, mejorándola notablemente.

LAS MEJORES MEZCLAS

Se pueden hacer muchas mezclas de hierbas para quemar que favorezcan la entrada de dinero y la prosperidad, y tú también puedes hacer tus propias mezclas, pero a continuación propongo las que dan mejor resultado.

Las cantidades no irán expresadas por peso, sino por puñaditos. Cuando hablo de una pizca me refiero a más o menos la cuarta parte de una cucharilla de café rasa. Cuando no pongo nada al lado de la hierba y hay dos o tres, quiere decir que las cantidades serán las mismas para todas (un puñado, dos o tres, dependiendo de lo grande que sea la sartén).

Recuerda que las hierbas solo se quemarán si están bien secas. También puedes quemar una sola planta.

Mezcla n.º 1

salvia • pino • 3 hebras de azafrán

Mezcla n.º 2

medio puñadito de pino • menta • bergamota

Mezcla n.º 3

pachulí • salvia • una pizca de canela, espolvoreada

Mezcla n.º 4

1 pizca de jengibre rallado • menta • melisa

Mezcla n.º 5

eneldo • salvia • 3 hebras de azafrán

Mezcla n.º 6

medio puñadito de diente de león • albahaca • salvia

Mezcla n.º 7

melisa • bergamota • medio puñadito de diente de león

Mezcla n.º 8

una pizca de canela, espolvoreada • albahaca • eneldo

Mezcla n.º 9

menta • nuez moscada rallada

Mezcla n.º 10

corteza de limón seca cortada a trocitos • melisa • canela en rama

Mezcla n.º 11

bergamota • corteza de naranja seca cortada a trocitos

Mezcla n.º 12

3 hebras de azafrán • albahaca

Mezcla n.º 13

salvia • eneldo • nuez • nuez moscada rallada • medio puñadito de diente de león

Mezcla n.º 14

5 hebras de azafrán • corteza de naranja seca cortada a trocitos • corteza de limón seca cortada a trocitos • melisa

GASTRONOMÍA HERBARIA PARA ATRAER EL DINERO Y LA PROSPERIDAD

De siempre es sabido que las hierbas han jugado un papel muy importante en la gastronomía mundial, y esa sabiduría milenaria ha pasado de una cultura a otra.

Nuestros ancestros trabajaban con la naturaleza porque formaban parte de ella y desarrollaron un sexto sentido de protección y de supervivencia, un contacto y una conexión con la naturaleza dignos de admirar. Aunque sus condiciones de vida no les daban para más, por falta de avances entre otros, nos han demostrado con el paso del tiempo que el uso que les dieron a estos arbustos, hierbas o árboles era un verdadero legado de sabiduría. No solo los utilizaban para curar, sino que en sus rituales quemaban algunos de ellos para purificar sus cuerpos y sus mentes, y otros los usaban para alimentarse. Y lo importante es que hoy en día se siguen empleando muchas de estas hierbas para los mismos fines.

Nuestros avances modernos y tecnológicos nos han ayudado a averiguar mucho más de ellos y cómo sacarles más provecho. Hemos aceptado los poderes de algunos y desechado otros, por no ser recomendables para su uso por vía interna o externa, ya que algunos de ellos son tóxicos o psicodélicos. En la Edad Media llevaron a la hoguera a miles de personas acusadas de consumir hierbas psicodélicas, pero este no es el tema de nuestro siguiente apartado.

No haré ninguna recomendación que no esté estrictamente contrastada. Las hierbas que expondré a continuación son conocidas y utilizadas por todo el mundo, pero ante la menor duda, si la hubiera, se debe preguntar al médico, farmacéutico, herbolario o experto en nutrición.

A continuación pondré las hierbas más conocidas y los alimentos con los que podemos mezclarlas para que nuestra energía del dinero y la prosperidad pueda circular y desbloquear nuestro cuerpo y mente.

Si tienes problemas económicos o tu prosperidad está frenada por razones que desconoces, o si sabes de dónde provienen pero no hay forma de resolverlos, te aconsejo como siempre que leas bien la lista que te daré a continuación y durante un tiempo prudencial añadas a tu dieta algunas de estas hierbas. Tus platos pueden quedar exquisitos, decorativos y, sobre todo, muy sanos, y nada que decir de tus próximos ingresos económicos. ¡Buen provecho!

LAS HIERBAS DE NUESTRA DIETA PARA ATRAER LA PROSPERIDAD ECONÓMICA

Albahaca: es aconsejable tener una buena maceta en la cocina de casa, pues, además de repeler a los insectos, siempre tendremos a mano sus ricas hojas para preparar infinidad de platos que nos aportarán vitaminas A y C, calcio y hierro; también nos atraerá muy buena suerte en general y dinero. Si tenemos la planta en casa podemos hacer un primer plato de verano, sano y muy refrescante, o comerlo como plato único por la noche, acompañado de una fruta o yogur, para aquellos que cenan ligero o hacen dieta.

Ingredientes

un pepino • media cebolla • 2 tomates de mata • 75 g de maíz • 2 ramitas frescas de albahaca • sal • aceite de oliva • vinagre de manzana

Preparación

Tomamos tomates de mata, que son mucho más gustosos y aromáticos, que no sean muy maduros. Los pelamos y cortamos en taquitos pequeños. Haremos lo mismo con el pepino y la cebolla. Lo pondremos todo dentro de una ensaladera y añadiremos el maíz y las dos ramitas de albahaca cortadas muy pequeñitas. Entonces lo sazonaremos con sal, aceite de oliva y vinagre de manzana al gusto. Si sois más comensales, se deben aumentar las cantidades, seguro que repetiréis. Es un plato ligero y muy sano.

Podemos añadir la albahaca a otras ensaladas, sopas, marisco, salsas, tortillas, escabeches, infusiones o macerar aceites y vinagres...

Alfalta: diremos para aquellos que no la conocen que su semilla germinada, que se puede comprar en la herboristería, tiene un sabor dulce y muchas vitaminas y minerales, y se puede añadir a las ensaladas. También se comercializa la miel de alfalfa. Sus hojas y sus brotes se pueden hacer salteados, y están deliciosos. También está buenísima la tortilla de alfalfa. Con unas cuantas hojas de alfalfa y otras de menta te puedes hacer una infusión que te ayudará a que tus sueños se cumplan. Cuando tengas un proyecto en fase de desarrollo sería bueno que la incluyeras en tu dieta durante una temporada: hará que se fije y se materialice. Además, estarás comiendo un alimento sano que contiene proteínas, calcio, vitaminas B, C, D, E, K y provitamina A. Recuerda que esta planta contiene concentrada la esencia de todos los bienes, así que imagínate los rituales que puedes hacer con ella, además de alimentarte bien. Los enfermos de artritis y reuma mejor que se abstengan de comerla, y ante la duda deben consultar al médico.

Angélica: de esta planta se puede comer todo, su sabor es dulce y su esencia se utiliza para hacer repostería. Puedes añadir dos gotas de angélica en un yogur, una cuajada, un zumo de naranja o de pomelo... Puedes prepararte una infusión de menta, con media cucharada de miel de melisa y una gota de angélica. Tomar una al día cuando tengas problemas laborales o legales te dará muy buenos resultados. Puedes comer los brotes tiernos de esta planta en ensalada. Los tallos, las hojas y las raíces puedes hacerlos como verduras. Antiguamente se utilizaba como azúcar; tú puedes hacer lo mismo.

Azafrán: una de las especias más delicadas y caras. Con el azafrán podemos elaborar ricos platos y no solo utilizarlo en arroces. Para su efecto mágico podemos añadir un par de hebras a sopas y platos calientes. Como ya hemos dicho, los romanos y los griegos lo añadían a sus panes y tartas, que degustaban con verdadero esmero y ofrecían a los dioses. Eso es lo que vamos a preparar nosotros: un rico bizcocho casero para degustar y para hacer nuestras ofrendas.

El bizcocho que expongo a continuación es conocido por muchas personas, pero para aquellas que aún no lo conocen les recomiendo hacerlo sobre todo si en casa hay niños, porque es muy nutritivo y los alimenta más y mejor que la bollería industrial, que les provoca obesidad y les aumenta el colesterol. Si hay enfermos en la casa o algún miembro de la familia está haciendo régimen, podemos hacer uno especial que no tiene nada que envidiar al normal, porque sigue siendo superdelicioso. Solo hace falta sustituir la harina blanca por harina integral, el azúcar por azúcar candi (que es más sano), el yogur por uno descremado y la mantequilla por margarina. Pero hay que ser consecuentes y comer una ración pequeña.

Ingredientes

3 huevos • 1 yogur de limón • 1 vaso de aceite de oliva • 2 vasos de azúcar • 3 vasos de harina • 1 sobre de levadura • 5 hebras de azafrán • mantequilla

Preparación

Mientras lo preparamos encenderemos el horno al máximo para que se vaya calentando. En el recipiente pondremos primero el yogur, porque el vaso de este será con el que tomemos las medidas del resto de los ingredientes. Añadiremos los tres vasos de harina, luego el aceite y a continuación el azúcar, la levadura, las hebras de azafrán y los tres huevos. Lo batiremos todo con la batidora, que además es rapidísimo. En el recipiente que irá al horno ponemos una buena base de mantequilla, pues además de dar sabor evita que el bizcocho se pegue al recipiente. Luego vertemos todo lo que hemos batido y lo ponemos en el horno durante cuarenta y cinco minutos. Debemos controlarlo en todo momento, pues puede variar el tiempo de cocción dependiendo del horno (eléctrico o gas) y del recipiente (plano o más alto). Para comprobar si el bizcocho ya está hecho, hay que pincharlo con un palillo largo: si este sale limpio (la masa no se ha pegado en él) es que ya está listo. Dejadlo enfriar y ya tenéis un desayuno, merienda o postre nutritivo y delicioso, que además está colaborando a que la energía del dinero venga hasta vosotros. Recordad que tenéis que hacer ofrendas a vuestros dioses o deidades. Si tenéis un jardín o macetas, poned un trocito; los gnomos os lo agradecerán y serán generosos con vosotros.

Bardana: con la bardana podemos hacer infusiones para depurar el organismo, algo que deberíamos hacer a menudo por la salud y para limpiar nuestro cuerpo etérico. A veces estamos muy bloqueados por el exceso de trabajo, las toxinas que respiramos e ingerimos, el tabaco, el exceso de alcohol y también el exceso de medicación. La bardana nos puede ayudar en todos esos procesos de limpieza. Los japoneses comen la raíz de esta planta hervida con sal como si fuera una verdura. También se puede comprar en tónico, aunque su sabor es amargo. Recomiendo tomarla en infusión. Para que su sabor no sea tan amargo, podemos prepararla de la siguiente manera:

Ingredientes

agua de botella o manantial • bardana • 3 hojitas de menta fresca • 1 tronquito de canela • 1 grano de pimienta negra • unas gotitas de angélica (opcional)

Preparación

Con el mortero partir el grano de pimienta, con uno o dos golpes bastará. Cuando el agua esté hirviendo añadir todos los ingredientes, apagar el fuego y tapar el recipiente. Dejar reposar este preparado unos minutos y luego colarlo. Para endulzarlo podemos poner unas gotitas de angélica. El deseo que pediremos antes de tomarlo es casi seguro que se cumplirá. Debe tomarse durante unos días, pidiendo siempre el mismo deseo, pues cuando se piden varios la energía se dispersa y es probable que no se cumpla ninguno.

Canela: como ya hemos visto, la canela se puede emplear para muchas infusiones. Cuando atravieses una época en la que parece que todas las cosas están paradas y no funcionan, que tu economía no se acaba de recuperar y tienes más salidas que entradas, es el momento de plantearte las cosas y ver qué pasa. Mientras encuentras las soluciones es el momento de añadir algunos alimentos a tu dieta y, por supuesto, la canela sería uno de ellos. Para eso no es necesario que te hinches de dulces, es mejor hacer como en otras culturas que utilizan la canela en ricos platos de carne o pescado. Puedes prepararte un rico pollo en salsa.

Cuando estés preparando la salsa échale un tronquito de canela, que retirarás antes de servir el plato. Puedes espolvorear un poco de canela en el café o en el sabroso arroz con leche y preparar otros ricos postres e infusiones. Ya verás como tus problemas se van resolviendo y tu prosperidad va en aumento.

Diente de león: cuando estés en tratamientos para perder peso utiliza esta planta en infusiones. Te ayudará a deshacer la celulitis y a eliminar los líquidos. Si tu negocio no funciona o tienes problemas laborales, puedes comer las hojas frescas de esta planta en ensalada o prepararte infusiones con las hojas secas (que puedes mezclar con otras hierbas o especias que tengan la misma vibración y que sean para la misma causa). Añade el diente de león a tu dieta durante unas cuantas semanas. Con una sola toma al día será suficiente. Además de su acción desintoxicante, que tu cuerpo agradecerá, te librará de las cosas negativas que tú hayas creado o que hayan lanzado contra ti, ayudándote a desbloquear los obstáculos en tu negocio, trabajo...

Eneldo: elige un pescado que te guste y colócalo en una bandeja junto con unas patatas cortadas finas y unos tomates, y échale por encima un poco de sal, pimienta y eneldo, el jugo de un limón, un vasito de *whisky* o vino blanco, una pizquita de canela y ponlo al horno. Es un plato delicioso para degustar y muy saludable. En las épocas en que creemos que todo está perdido el eneldo nos salvará o nos traerá a alguien para que nos ayude. También podemos añadirlo a las carnes a la plancha, ensaladas, caldos y salsas cremosas. Equilibrará nuestra economía.

Hierbabuena o menta: todos sabemos que la hierbabuena es una de las hierbas más utilizadas en la cocina y que podemos añadirla a platos de carne, ensaladas, sopas, postres, bebidas... Vamos a hacer un preparado de hierbas que tienen que ver con la prosperidad. Este preparado podremos añadirlo a carnes, a pescados y a todas las comidas que deseemos.

Ingredientes

hierbabuena • salvia • albahaca

Preparación

Picaremos en un mortero las tres hierbas secas hasta que queden bien finas y luego guardaremos el preparado en un tarro de cristal. Podemos hacer una especie de adobo para nuestras carnes. Más o menos dos horas antes de cocinarlo, pondremos un bistec o cualquier otra carne en una bandeja y esparciremos este preparado por las dos caras; luego añadiremos aceite de oliva para que quede bien impregnado. Lo guardaremos en la nevera hasta la hora de hacernos la comida, luego lo salaremos y lo haremos a la plancha, que es más sano. No le añadiremos más aceite; con el preparado anterior será suficiente.

Podemos acompañarlo de una buena ensalada a la que también espolvorearemos un poquito de menta fresca. Con este plato estaremos potenciando las cualidades de las tres hierbas (la menta, la salvia y la albahaca), que nos traerán dinero e incluso nos puede hacer recuperar las cantidades que nos deben. En épocas en las que tengamos que generar dinero, aconsejo utilizar este preparado de las tres hierbas. Nos pueden sorprender sus resultados. Además te recuerdo que según la tradición popular la hierbabuena es la hierba de la sabiduría.

Jengibre: como ya dije en otros apartados anteriores, el jengibre es una planta originaria de Asia, que crece sobre todo en la India y en China. Podemos emplearla en infinidad de platos. Espolvoréale un poquito de jengibre a cualquier tipo de carne que prepares al horno, y verás el sabor que consigues con ello. Tienes que utilizar solo un poquito porque su sabor es muy fuerte. Puedes también añadir una pizca de jengibre a tus dulces, como el bizcocho que cuya receta te mostré anteriormente, el pudin, las galletas, las magdalenas... Vamos a preparar un rico cóctel que, además de traerte dinero y ser muy digestivo, es un buen afrodisíaco.

Ingredientes

una botella de cristal de 1 litro • 1 pomelo • 50 g de raíz de jengibre • 4 ramitas de menta fresca • angélica al gusto • 3 hebras de azafrán • 750 ml de vodka • 1 tronquito de canela

Preparación

Corta la raíz de jengibre en trocitos y ponlos dentro de la botella de cristal. Añádele la canela, el azafrán, la menta y el zumo del pomelo. Luego viértele el vodka y unas gotas de angélica hasta que lo endulces a tu gusto. Si no tienes angélica o no la encuentras puedes endulzar el cóctel con miel (elige alguna de las hierbas que hemos nombrado en los apartados anteriores, como podría ser la miel de salvia). Pon la botella en la nevera o el congelador para servirlo bien frío. Toma este cóctel en épocas en que tu dinero sea escaso o tengas algún problema económico que requiera rápida solución. Toma solo un chupito después de las comidas y otro después de las cenas, y compártelo con tus amigos y familiares. Te recuerdo que hay que ser generosos, porque es una manera de abrirnos a la prosperidad y dejar que esta nos llegue.

Nuez moscada: muy utilizada en casi todas las cocinas de todo el mundo. Se dice que los romanos llegaron a usarla como moneda de cambio en alguna época.

Si la rallamos nosotros directamente de la nuez al momento de usarla, el aroma, el sabor y las propiedades se conservan mucho mejor. Podemos añadir esta especia a un sinfín de platos como verduras, pasteles, estofados, todo tipo de salsas, bebidas y purés. Cuando prepares tu salsa bechamel añádele una pizca de pimienta negra molida y otra pizca de nuez moscada también molida; con estas dos especias conseguirás un sabor totalmente distinto y muy sabroso. La nuez moscada está considerada como talismán de la buena suerte y es aconsejable llevar siempre una encima. Además de añadirla a tus platos en las épocas de vacas flacas, te ayudará a reconstruir la economía, te atraerá dinero y tu paladar te lo agradecerá.

Pino: está claro que para la cocina no nos sirve cualquier pino, sino que iremos a buscar aquellos que nos proporcionan piñones, que no son todos. Si podemos los recogeremos nosotros mismos. Los antiguos egipcios utilizaban los piñones para elaborar ricos panes, que además de comerlos ofrecían a sus dioses. Hoy día casi no se elabora pan casero, pero sí se pueden preparar ricas tartas con piñones, y con ellas podemos hacer ofrendas a nuestros dioses (cada uno al dios que haya elegido en sus creencias, y si no ha elegido ninguno es porque cree en alguna energía o en el universo, que también sirve, porque a fin de cuentas todo es lo mismo). Pero los piñones que habremos extraído de las piñas no solo los podemos utilizar para las tartas, sino que también podemos hacer salsas como la siguiente:

Ingredientes

50 g de piñones • un trocito pequeño de pan seco • unas hojitas de perejil • 2 dientes de ajo

Preparación

Picar todo bien con el mortero y añadir a cualquier salsa de carne o pescado que ya esté lista. Dejar dos minutos más de cocción y ya se puede servir. Todo el mundo te preguntará cómo has preparado la salsa. Puedes añadirle piñones a la ensalada de acompañamiento y terminar el menú con una infusión de pino y canela que podrás comprar en cualquier herboristería. Tus bronquios te lo agradecerán y la energía del dinero te empezará a fluir.

Salvia: otra de las hierbas que podemos utilizar en la cocina ampliamente. Sus efectos, además de curar infinidad de males, te harán recuperar el dinero que te deben y parece que nunca cobras, así que añádela a tu dieta cuando tengas que recuperar deudas o cobros con retraso. Tu cuerpo también estará agradecido. Te recuerdo que era una hierba sagrada para los griegos y los romanos, y que significa 'curar'. La rica miel de salvia, de la que ya hemos hablado, podemos utilizarla en desayunos, para endulzar infusiones, añadírsela a los quesos frescos... Se emplea mucho la salvia seca para sazonar carnes.

Puedes preparar una deliciosa salsa de salvia para un bistec o pollo. Pica bien en un mortero la salvia. Luego pon a fundir queso y un poco de mantequilla en una sartén, añádele la salvia, una pizca de pimienta negra y otra pizca de nuez moscada. Mientras remueves la mezcla con una cuchara de madera, viértele una botellita de nata líquida para cocinar. Sigue removiendo un par de minutos para que espese y entonces pon dentro el bistec o el pollo, previamente cocinado a la plancha, para que se vaya mezclando el sabor. Déjalo un minuto más y ya estará listo para comer.

Puedes preparar ricos aceites o vinagres, dejando macerar como mínimo un par de semanas varias ramitas de salvia dentro de una botella con aceite de oliva o vinagre. Le dará un sabor muy peculiar y rico a tus ensaladas. Con el aceite ya macerado puedes también ungir velas para los hechizos de recuperación de tu dinero. Los elixires para la larga vida también se preparan con esta hierba.

Toronjil (melisa): es otra de mis hierbas preferidas. Su frescor, su aroma y su sabor (parecido a la fragancia del limón) la hacen atractiva al paladar y con ella se pueden hacer muchas combinaciones. Podemos añadir el toronjil picado muy fino y unas hojas de menta a una rica macedonia de frutas; también podemos añadirla a los pasteles. Con las hojas frescas se puede hacer una deliciosa infusión a la que podemos agregarle unos granos de cardamomo. Pon ramitas frescas de melisa a los licores caseros y reparte ramitas frescas por tu cocina. Esta hierba atraerá el dinero y la prosperidad hacia ti.

POPURRÍS PARA LA PROSPERIDAD

Los popurrís nos proporcionan olores agradables que ambientan la casa, el despacho, el negocio y todos los espacios cerrados. Basta saber para qué los queremos y qué energía deseamos potenciar. En nuestro caso el tema que estamos tratando es el de la prosperidad. Aprovecha la lista de las hierbas que expuse anteriormente para saber cuáles son las mejores para esta función.

El popurrí es un preparado de hierbas secas o frescas que sirve tanto para ambientar (por los agradables olores que desprenden) como para decorar (los popurrís suelen quedar muy bonitos a la vista). Si se tiene buen gusto pueden quedar unas cestas preciosas, y con ellos se puede decorar distintas habitaciones de la casa o hacer un centro de mesa como los famosos centros navideños que llevan una vela en el centro.

En el mercado tenemos una gran variedad de cestas de mimbre de distintos tamaños. Si queremos hacer un popurrí para el baño usaremos una pequeñita; si el baño es muy grande haremos dos cestitas y las repartiremos. Podemos colocarlas por el resto de la casa o negocio. Tomaremos varias plantas y colocaremos una de ellas en la base, luego pondremos el resto de forma que los colores o formas queden en armonía.

A continuación desarrollo una lista para que te sea más fácil orientarte y obtener ideas de cómo puedes colocarlas en tus cestas. Si tienes problemas económicos o tu prosperidad no está en su mejor momento, diviértete preparando cestitas para invitar a la energía del dinero a entrar en tu casa y en tu vida. También te ayudará si preparas alguna de más y la regalas. Te recuerdo que hay que ser generoso porque así hacemos que toda la energía se mueva. Todo lo que hagas con amor, con amor te vendrá, y no sirve si solo lo haces por puro interés. Así que aprende a hacerlo de corazón.

Algunas de las hierbas que utilizaremos también tienen su esencia. Cuando los popurrís dejen de tener olor puedes poner unas gotas de la esencia dominante y volverá su aroma. Si ha pasado mucho tiempo es mejor cambiar el popurrí, porque así haremos que vuelva a regenerarse la energía.

Albahaca: la famosa planta sagrada. Como ves, esta hierba la podemos utilizar para todo. Procura tener siempre una maceta para cuando la necesites. Podemos usarla seca como base del popurrí junto con alguna otra hierba. Si la ponemos fresca, es mejor hacer un ramillete con ella y colocarla a un lado de la cesta para cambiarla cuando se seque. Tiene esencia, así que podrás añadirle unas gotas de esta para potenciar su aroma y sus efectos. Trae buena suerte y dinero.

Aspérula o aspirilla: utiliza la planta seca. Es muy aromática y en lugares de mucha humedad neutraliza los olores. Ideal para negocios, empresas y todo tipo de temas laborales. Purifica y aumenta el éxito.

Azafrán: podemos repartir las hebras por toda la cesta o mezclarlas con otras hierbas. Con unas diez o quince hebras bastará; si la cesta es muy grande, mejor añadir alguna más. El azafrán no proporciona aroma a los popurrís, pero es una especia energéticamente fuerte y reforzará cualquier preparado, atrayendo con más fuerza la energía del dinero.

Bergamota: el bergamoto es un pequeño árbol que podemos tener en nuestro jardín o patio y del cual podremos utilizar sus hojas, flores y frutos (bergamotas). Prepararemos un popurrí solo de bergamota, utilizando las hojas junto con las flores o frutos. Dispondremos la base de la cestita con las hojas y los tallos. Se debe poner bastante cantidad. Si el árbol está en flor, adornad la cesta con estas flores. El fruto es un cítrico parecido a una naranja, pero un poco más pequeño, que no se puede comer porque es demasiado amargo. Podéis pelar varios de estos frutos, dejar secar las pieles y luego añadirlas a la cesta. Si no tenéis frutos de bergamota podéis utilizar pieles secas de naranjas y limones. Cuando la cestita empiece a perder su aroma se pueden añadir unas gotas de esencia de bergamota, que volverán a reavivar su energía y aroma inconfundible. Aconsejado para atraer clientes, bienes materiales y espirituales.

Brezo: arbusto de flores en forma de campanillas. Su aroma es excesivamente fuerte y en algunos casos olerlas de cerca puede ser molesto. Así que emplearemos solo unas cuantas campanillas repartidas por la cesta, que nos alegrarán la vista por su bonito color violeta o rosado. Tiene su aceite esencial. Útil para crear nuevos proyectos y negocios y para temas laborales; además, ayuda a aclarar las dudas.

Canela: la canela nos puede acompañar en cualquier popurrí. Podemos atar ramilletes de tres troncos y repartir tres o cinco por la cesta para que desprendan su olor. Si ponemos pocos troncos o ninguno, podemos espolvorear la canela en polvo cuando la cesta ya esté lista, o cortar los tronquitos en trocitos pequeños y esparcirlos. A la hora de preparar los popurrís podemos jugar con varias opciones. Deja libre a tu mente creadora y prepáralos como más te gusten. Tiene su aceite esencial, que podrás ir añadiendo. Su energía te abrirá a la prosperidad. Si preparas una cesta pequeñita y la dejas en tu habitación, para que tu pareja y tú podáis apreciar su aroma, os ayudará también en otras cuestiones, pues ya sabes que es afrodisíaca.

Diente de león: no es de utilidad en los popurrís, porque no desprende olor. Pero podemos utilizar unas pocas hojas para fortalecer la energía del dinero y la prosperidad.

Eneldo: las cabezuelas en flor de esta planta son las que utilizaríamos para los arreglos florales, pero como nuestro fin, además de adornar, es potenciar la energía, podemos añadir otras partes de esta hermosa planta, incluidas sus semillas, repartidas por la cesta. Equilibra la economía.

Hierbabuena: todos conocemos la famosa hierbabuena, la hierba de la sabiduría. Podemos hacer una buena base en la cesta con hojas secas de hierbabuena y añadirle directamente unas gotas de su esencia para que intensifique su olor. La hierbabuena hará que no nos falte el dinero.

Jengibre: hoy día es muy fácil encontrar el jengibre, y su raíz puede ser muy importante para nuestros intereses.

Una vez preparado un bonito popurrí, hay que cortar a trocitos la raíz de jengibre con mucho cuidado y repartirla por la cesta. Luego rallar un poco y espolvorearlo por encima. Su energía nos traerá dinero y además es afrodisíaca.

Madreselva: es una de las hierbas más utilizadas en los arreglos florales. Su flor es muy perfumada y es ideal porque el aroma que desprende es uno de los más delicados. Cuando empiece a perder su aroma, añádele unas gotas de su esencia. Es muy útil cuando queramos cantidades de dinero extra, un trabajo, mejorar el negocio o un aumento de sueldo.

Nuez moscada: en casi todas las casas se suele utilizar la nuez moscada en la cocina y también se puede emplear en los arreglos florales. Podemos repartir varias bolitas por toda nuestra cesta y rallar un poco para espolvorearla por encima cuando nuestro popurrí ya esté listo. Nos atraerá el dinero y nos servirá de talismán.

Pachulí: sus hojas podrían ser una buena base de la cesta. En caso de no encontrarlas, podemos añadir a cualquier arreglo floral unas gotas de su esencia. Yo recomiendo poner muy pocas gotas, una, dos o como mucho tres, dependiendo de lo grande que sea la cesta. El olor del pachulí es excesivamente fuerte. Si cargamos nuestro popurrí de esta planta o esencia, puede predominar sobre el resto de los olores. Atrae la suerte y el dinero, y suele ir muy bien para los juegos de azar. También remueve la energía sexual.

Pino: de este árbol podemos utilizar prácticamente todo para hacer nuestros preparados florales. Podemos hacer una buena base con sus hojas, ramitas o trozos de la corteza y, cómo no, acabar la decoración con las piñas. A esta cesta podríamos añadirle colorido, y aquí nos iría muy bien la combinación de tres pieles ya secas, cortadas en una sola pieza y jugando con sus formas rizadas, de algunos cítricos, como pueden ser la bergamota, la naranja y el limón, repartidas por toda la cesta; también podemos añadirle unas gotas de esencia de pino y bergamota. En épocas navideñas podemos preparar un buen centro de mesa, con una vela roja en medio y unas piñas pintadas de color oro (antes de que se seque la pintura podéis espolvorearlas con purpurina dorada). En los popurrís del resto del año también podemos pintar las piñas de color verde, dorado o amarillo. Si se tiene buen gusto puede ser uno de los popurrís más bonitos y eficaces que atraerán la energía mágica y la del dinero.

Salvia: hierba sagrada, que, además de repeler a los mosquitos, nos atraerá dinero y nos ayudará a fortalecer la memoria. Si se deja secar bien esta planta conserva toda su fragancia. También podemos añadir sus semillas a cualquier popurrí, pues hará que se fortalezca la energía del dinero y además podrás cobrar las cantidades de dinero que te deben y no te pagan.

Toronjil (melisa): con sus hojas secas podemos hacer una buena base. Pero pierden bastante su aroma y hay que utilizar su aceite esencial para fortalecer su aroma y energía. Su fragancia es muy agradable y se parece a la del limón. Cuando estemos bloqueados económicamente este popurrí hará que vuelva a fluir la energía del dinero.

Vetiver: posiblemente no encontremos sus hojas, pero podemos utilizar su aceite esencial en algún popurrí ya preparado. Su aroma terroso puede ser muy agradable, pero es recomendable poner pocas gotas para que no predomine sobre los otros olores. Desbloquea la energía estancada del dinero y lo atrae hacia nosotros. También es afrodisíaco.

SACHETS DE HIERBAS PARA ATRAER EL DINERO

En el apartado de amuletos y talismanes, expuse algunos sachets con distintos elementos. En este apartado haremos sachets de hierbas, que podremos llevar en el coche, poner debajo del colchón, colgarlos por la casa o negocio, llevarlos en el bolso, ponerlos entre la ropa del armario...

Se elaboran con tela amarilla, verde o dorada (elegid el color que más os guste). Para atarlos utilizaremos cordoncillo del mismo color que el saquito o bien los coseremos con hilo del mismo color.

Estos saquitos nos servirán para aromatizar y también harán que la energía del dinero y la prosperidad empiece a fluir en nuestros hogares, negocios y vidas. Para perfumar una estancia un poco grande debemos preparar varios iguales. No pondremos más de tres hierbas para que ninguna anule su aroma, pero la combinación resultante debe ser una fragancia agradable, y así potenciar las energías ya citadas. En el caso de que ninguna de las hierbas empleadas tenga fragancia, se les añadirá aceite esencial de alguna de ellas.

Si una de las plantas no se encuentra o no se tolera su aroma siempre puede ser sustituida por otra. Para los sachets siempre hay que utilizar hierbas secas. A los brujos y brujas modernos siempre les recomiendo que busquen sus propias combinaciones con los aromas que más les atraigan y hagan sus propios saquitos. Pero aquí describo unos cuantos, sobre todo para los principiantes. Os recuerdo que todos estos sachets son para atraer el dinero, la prosperidad y todo lo que esté relacionado con la riqueza.

Sachet n.º 1

Ingredientes

albahaca • esencia de albahaca • azafrán • nuez moscada

Preparación

Predominará la hierba de albahaca. La pondremos en un bol grande y le añadiremos unas cuantas hebras de azafrán y media nuez moscada rallada. Lo mezclaremos todo con los dedos y rellenaremos el sachet. Si queremos más aroma le pondremos unas cuantas gotas de aceite esencial de albahaca. Luego lo ataremos o lo coseremos con hilo del mismo color de la bolsita. Cuando la bolsita empiece a perder su aroma podemos ponerle unas gotas de aceite esencial.

Sachet n.º 2

Ingredientes

bergamota • toronjil • piel de bergamota • esencia de toronjil

Preparación

Poner en el bol las hojas secas de bergamota y las de toronjil (melisa). Cortar a trocitos la piel seca del fruto de la bergamota (si no podemos encontrarla, sustituirla por la piel seca de una naranja o limón). Mezclarlo todo con los dedos e introducirlo dentro del saquito. Si queremos más aroma podemos añadir esencia de toronjil y también de bergamota. Atar el sachet y ya está listo.

Sachet n.º 3

Ingredientes

madreselva • menta • esencia de madreselva • jengibre

Preparación

Poner en el bol bastante madreselva y menta. Rallar el jengibre y mezclarlo todo con los dedos. Luego rellenar la bolsita y ponerle unas cuantas gotas de esencia de madreselva (o esencia de menta, si os gusta más).

Sachet n.º 4

Ingredientes

piñones sin pelar • salvia • hojas de pino • esencia de pino

Preparación

Mezclar con los dedos las hojas de pino, la salvia y los piñones. Añadir unas gotitas de esencia de pino (o esencia de salvia, si nos gusta más). Finalmente, coser o atar el sachet.

Sachet n.º 5

Ingredientes

tres nueces moscadas • melisa • madreselva • esencia de melisa

Preparación

Mezclar las tres plantas, añadirles la esencia y coser o atar la bolsita.

Sachet n.º 6

Ingredientes

esencia de vetiver • pachulí • tronco de canela

Preparación

Mezclar la hierba seca de pachulí con uno o dos tronquitos de canela cortada a trocitos. Añadir dos o tres gotas de vetiver y cerrar el sachet.

Sachet n.º 7

Ingredientes

brezo • diente de león • esencia de brezo • tronco de canela

Preparación

Mezclaremos el diente de león y el brezo seco. Añadiremos un tronquito de canela cortado a trocitos y pondremos dos o tres gotas de esencia de brezo. Y ya podemos atar el sachet.

Sachet n.º 8

Ingredientes

aspérula • eneldo • esencia de menta • menta

Preparación

Juntar la menta, la aspérula y el eneldo seco, añadir dos gotas de esencia de menta y cerrar el sachet.

Sachet n.º 9

Ingredientes

diente de león • jengibre • nuez moscada • 3 troncos de canela

Preparación

Predomina el diente de león, y sobre este rallaremos media nuez moscada y un trozo de jengibre. Partiremos por la mitad los tres troncos de canela y los añadiremos a la mezcla. Finalmente, cerraremos la bolsita. Cuando esta pierda su aroma, o se quiera aumentar, añadiremos unas gotitas de esencia de canela.

Sachet n.º 10

Ingredientes

piel seca de naranja • melisa • piel seca de limón • esencia de bergamota

Preparación

Predominará la hierba seca de melisa. A esta, añadir las pieles de limón y naranja cortadas en trocitos, poner unas gotas de bergamota y cerrar el sachet.

HIERBA	ACEITE ESENCIAL	AMBIENTADOR	PARA QUEMAR	GASTRONOMÍA	POPURRÍS	SACHETS
Albahaca	*	*	*	*	*	*
Alfalfa			*	*		*
Angélica		*	*	*	*	*
Árnica	*				*	*
Aspérula		*	*	*	*	*
Azafrán		—	—	—	—	—
Bardana					*	*
Bergamota	*	*	*	—	*	*
Brezo	*	*			*	*
Canela	*	*	—	*	*	*
Diente de león			*	*	*	*
Eneldo			*	*	*	*
Fumaria			*		*	*
Hamamelis					*	*
Hierbabuena	*	*	*	*	*	*
Jengibre	*	*	—	*	—	—
Madreselva	*	*	*		*	*
Nuez moscada			—	*	—	*
Pachulí	*	*	*		*	*
Pino	*	*	*	*	*	*
Salvia	*	*	*	*	*	*
Toronjil	*	*	*		*	*
Vetiver	*	*	*		*	

(*) Este signo significa que la planta se puede utilizar solo en la casilla que está marcada.

(—) Este signo significa que se puede usar la hierba (bien espolvoreándola, bien añadiendo unas hebras o pedazos) en las casillas señaladas, pero solo para ayudar a potenciar los efectos mágicos, porque esa no es su función.